Irene Johanson

Mensch sein – Christ werden

24,–

Irene Johanson

Mensch sein – Christ werden

Die Christus-Biographie als Lebenshilfe

Urachhaus

Die Deutsche Bibliothek – CIP-Einheitsaufnahme
Johanson, Irene:
Mensch sein – Christ werden: die Christus-Biographie als Lebenshilfe / Irene Johanson. –
Stuttgart: Urachhaus, 1994
ISBN 3-8251-7005-5

ISBN 3 8251 7005 5

Umschlaggestaltung: Bruno Schachtner, Dachau
Satz und Druck: Clausen & Bosse, Leck

Inhalt

Vorwort 7

Statt Kampf – Versöhnung der Geschlechter . . . 9

Vergangenes und zukünftiges Schicksal 18

Elternprobleme 25

Freundschaft 31

Auseinandersetzung mit dem Bösen 37

Was ist christlich? 47

Das Wort des Lebens 56

Menschliche Verlassenheit 62

Verwandlung des Todes 69

Leere und Erfüllung 78

Überwindung von Angst und Zweifel 82

Weg und Ziel 89

Wendung in der vergeblichen Mühe 94

Lieben-Können und Lieben-Lernen 98

Christusgegenwart erfahren 102

Die Stimme des Gewissens
und die Sprache des Geistes 115

Mensch sein – Christ werden 126

Vorwort

Das Leben Jesu Christi auf Erden, wie es die Evangelien schildern, hat Urbild-Charakter. Es hilft uns, in die vielen Fragen, Rätsel und Geheimnisse des menschlichen Schicksals so einzudringen, daß wir damit leben können. Es zeigt uns, wie wir unser Schicksal als zu uns selbst gehörig anzunehmen vermögen, wie wir es als Aufgabe ergreifen und in etwas Neues verwandeln können. Es läßt uns einsehen, daß jedem Schicksal Gesetze und Gesetzmäßigkeiten innewohnen und daß es an uns liegt, ob sie uns unfrei machen oder die wahre Freiheit erst ermöglichen. Es weist uns den Weg zu einer Gemeinschaftsbildung, in der jeder einzelne aus sich heraus so wirken kann, daß er weder sich selbst noch der Gemeinschaft untreu werden muß. Und es läßt uns eine Liebe erleben, die höher, wirksamer, stärker ist als alles andere.

Diese Betrachtungen versuchen, aus Stationen des Lebens Christi eine Orientierung zu gewinnen – für jedes Menschenschicksal, für jede menschliche Biographie.

Statt Kampf – Versöhnung der Geschlechter

Die Verkündigungsgeschichten im Matthäus- und Lukas-Evangelium zeigen die ganz eigenen Qualitäten, die das Menschsein als Frau oder als Mann birgt. Wenn beide durch ihr Zusammenwirken dem göttlichen Sohn auf Erden eine Wirkensmöglichkeit schaffen, dann tritt Versöhn-ung ein. Wie kann das deutlich werden? Schauen wir uns die beiden Berichte näher an.

Matthäus beginnt sein Evangelium mit dem Stammbaum Jesu. Von Abraham, dem Stammvater des jüdischen Volkes, führt er ihn durch dreimal vierzehn Generationen bis zu Joseph, dem Vater Jesu. Daß Joseph der leibliche Vater Jesu ist, wird damit ganz deutlich gesagt. Aber Joseph weiß nichts davon. Er ist sich des Zeugungsaktes nicht bewußt. Als er erfährt, daß Maria schwanger ist, will er sie verlassen. Da tritt zum erstenmal im Traum der Engel zu ihm und weist ihn an, Maria als seine Ehefrau zu sich zu nehmen. Das Kind sei unter dem Walten des heiligen Geistes gezeugt worden. Er solle ihm den Namen Jesus geben. An ihm würden sich die Worte des Propheten erfüllen, der von dem Sohn der Jungfrau sprach, der Immanuel genannt wird, was heißt: „Gott in unserer Mitte“. Und Joseph folgt dem Wort des Engels und gründet mit Maria die Familie des verheißenen Kindes.

Noch dreimal erhält Joseph eine Engelsbotschaft. Er folgt ihr und nimmt jedesmal Maria und das Kind mit auf den ihm gewiesenen Weg. Das geschieht, als er vor Herodes aus Bethlehem nach Ägypten flieht, ein weiteres Mal, als er nach dem Tod des Herodes aus Ägypten zurückkehrt. Zuletzt bekommt er noch die Weisung, nicht nach Bethlehem, wo er zu Hause ist, zu gehen, sondern sich in Nazareth niederzulassen, denn, so heißt es, Jesus soll ein Nazarener werden. Im Matthäus-Evangelium ist also Joseph der Empfänger der Engelsbotschaften. Indem er ihnen folgt, kann Maria auch ihm folgen. Er erfährt von der Schwangerschaft Mariens, nachdem sie schon eingetreten ist. Wir werden später sehen, daß Maria im Lukas-Evangelium bereits vor der Empfängnis die Botschaft des Engels hörte. Aber beide hatten kein Bewußtsein vom leiblichen Zeugungsakt.

Bis heute wird für dieses Geschehen der Ausdruck Beischlaf gebraucht oder davon gesprochen, daß Mann und Frau zusammen schlafen. Im allgemeinen bezieht sich dieser Schlaf auf das geistige Geschehen. Die Menschen tauchen unter in die Wogen der Lust, die vom Leiblichen ausgehen. Die Eltern Jesu schliefen für das Leibliche. Sie waren in dem Zustand, in dem die Menschen jede Nacht im Schlaf sind. Die Seele hat kein Bewußtsein für den Leib, lebt in einer geistigen Welt. Wenn sie beim Erwachen ins Leibesbewußtsein zurückkehrt, weiß sie nicht mehr, was sie im Geist erlebt hat, weiß auch nicht, wie es dazu kam, daß ihr Leib erfrischt wurde.

Joseph erfuhr lange nach dem Beischlaf mit Maria durch den Engel, was leiblich und geistig geschehen war. Nun wollte und konnte er das, was er geistig erfahren hatte, in die irdische Tat umsetzen. Er bekannte sich zu seiner Vaterschaft und schuf zusammen mit Maria dem Kind ein erstes Zuhause auf Erden. Das war ihm nur möglich, weil er das Wirken des heiligen Geistes, von dem ihm der Engel gesprochen hatte, anerkannte. Wenn sonst ein Mensch gezeugt wird, geschieht es durch Mann und Frau und das Wirken des Engels der betroffenen Seele. Der Engel ist die Intelligenz, die dem Schicksal des einzelnen Menschen innewohnt. Die Geburt Jesu betraf das Schicksal der ganzen Menschheit. Darum war an seiner Zeugung nicht nur der Engel eines einzelnen Menschen beteiligt, sonderen die Fülle aller Engel, die Menschenschicksale erkennen und helfend begleiten. Das aber ist der heilige Geist. Er ist sozusagen der Engel aller Engel, das umfassende Wesen der Engelhierarchie. Jesus ist geistig durch den heiligen Geist, leiblich durch Maria und Joseph ins Erdenleben eingetreten. Als Joseph das erkannte, hat er seinen Sinn gewandelt, hat Maria nicht verlassen, sondern dem Erkannten gemäß gelebt, es in seine Tat umgesetzt.

Dieser Vorgang entstammt und entspricht der männlichen Weise des Menschseins. Ein irdischer Tatbestand wird festgestellt, durch eine vollzogene Tat zu Bestand gebracht, zu etwas, was bleibt, so daß daraus etwas hervorgeht. Die Gefahr besteht, daß man diesen Tatbestand nur mit irdischen Maßstäben beurteilt. Unsere heutige, aus der naturwissenschaftlichen Denkart entstandene zivilisierte Welt trägt die Prägung dieses einseitig gewordenen männlichen Geistes, der nur gelten läßt, was materiell nachweisbar ist. Die weibliche Weise des Menschseins wurde weitgehend auch von den Frauen verlassen, aufgegeben. Wenn der heutige Mensch nicht die Gesinnung des Joseph gewinnt, kann der göttliche Sohn keine Wohnung, keine Aufnahme bei ihm finden. Er nähert sich Joseph, wenn er lernt, das Wirken des Geistigen in die irdischen Tat-Bestände mit einzubeziehen.

Auch heute ist z. B. Empfängnis und Geburt eines Menschen nicht nur eine leibliche Angelegenheit, auch nicht nur eine gesellschaftliche, soziale oder unsoziale, sondern sie hat zu tun mit dem Schicksal aller Betroffenen, d. h. mit den Intelligenzen, den geistigen Wesen, die aus einer höheren und überschauenderen Weisheit wirken als wir Erdenmenschen. Die Diskussionen um den Paragraphen 218 zeigen, daß wir heutigen Menschen, ob Mann oder Frau, Engelsbotschaften nicht einbeziehen. Weil wir nicht denken, daß es sie geben könnte, sie gar nicht als möglichen Tatbestand in unser Denken einlassen, darum vernehmen wir sie auch nicht.

Es geht vielen Menschen so wie dem Berliner Schusterjungen, der einen bestimmten Begriff davon hatte, was ein Tier sei. Als er dann im Zoo vor einer Giraffe stand, sagte er: „Det Tier, det jibt's ja jarnich." Weil wir Geistiges nicht denken wollen, sagen wir, wenn es uns begegnet: „Das gibt's ja gar nicht." Genau so verhalten sich heute viele Menschen gegenüber dem Tod. Weil sein geistiger Aspekt nicht gedacht und darum nicht anerkannt wird, weicht man dem Gedanken an den Tod aus oder führt ihn aus menschlicher Willkür herbei, in der Meinung, er sei das Ende. Man denkt, mit dem Ende des Leiblichen ende auch für immer die Qual oder das nicht bewältigte Schicksal.

Zwischen Geburt und Tod gibt es noch unzählige Situationen und Ereignisse, die nur materiell bewertet werden. Wie das Wirtschaftsleben heute alles soziale, politische und geistige Leben beherrscht, ist ein deutlicher Ausdruck dafür. Die heutige Menschheit gleicht dem Joseph, der die Engelsbotschaft noch nicht vernommen hat und darum Maria verlassen will. Es wird zwar an vielen Orten um die Gleichberechtigung der Frau gekämpft, auch erwacht das Bewußtsein dafür, daß die Welt weiterhin nicht mehr einseitig von dem Männlichen geprägt bleiben darf, aber die

Gefahr ist groß, daß die Frauen selbst einseitig die männliche Seite des Menschseins kultivieren und darin ihre Gleichberechtigung erleben. Die Frauen in der heutigen Politik machen den Männern Konkurrenz, bringen aber nur selten ein weibliches Element hinein. Auch sie denken in den Kategorien des Wirtschaftslebens oder der Verbesserung des materiellen Daseins und beziehen geistige Realitäten nicht mit ein.

Als damals, vor 2000 Jahren, Joseph die Wendung vollzog und Maria zu sich nahm, statt sie zu verlassen, da mußte er selbst in seiner Seele eine weibliche Gebärde vollziehen, er mußte ein Empfangender werden. Er konnte die Idee des Engels schöpferisch denken und war darum fähig, seine Botschaft zu empfangen. Wie ein wahrer Künstler im Schaffen seines Werkes sich zugleich als Zeugender und Empfangender erlebt, so muß der Mensch das Geistige denkend ergreifen, um von ihm ergriffen zu werden und seine Wirklichkeit empfangen zu können. So konnte Joseph das, was er geistig empfangen hat, irdisch in die Tat umsetzen – ein Ausdruck für die männliche Art des Menschseins. In ihr lebt dem Geist gegenüber die weibliche Gebärde des Empfangens. Es ist in der männlichen Art die weibliche Gebärde verborgen.

Wenn das Männliche so lebt, wie es in Joseph urbildhaft gelebt hat, dann kann ihm zugesprochen werden, daß es in einer kleinen oder großen Lebensgemeinschaft, in der Ehe, in einem Betrieb, im Staat oder Menschheitswerden, vorausleuchten soll, weil es das Licht dazu geistig empfangen hat. Die männliche Art des Menschseins erleben wir immer da, wo ein Geistiges, eine Idee, eine Intention aus dem Übersinnlichen empfangen und in die Tat auf Erden umgesetzt wird – wie Joseph die Botschaft vom Engel empfing, die er in die Tat umsetzte, indem er Maria mit dem Kind nach Ägypten und auch wieder zurück führte. Maria folgte ihm, weil sie in Josephs Verhalten nicht persönliche Willkür erlebte, sondern die Intelligenz ihres gemeinsamen Schicksals.

Ihre Aufgabe dabei ist eine ganz andere. Sie verwirklicht die weibliche Art des Menschseins. Davon spricht das Lukas-Evangelium. Dort wird erzählt, wie der Engel zu Maria kam und ihr die Empfängnis des Kindes vorankündigte, noch bevor sie mit Joseph zusammen war. Dies geschah im Wachen und nicht im Traum, wie bei Joseph. Die Maler haben sie in dieser Szene oft mit einem Buch oder im Gebet dargestellt, in innerer Betrachtung. Sie war jedenfalls innerlich tätig und wach. Wirkliches Lesen, Beten, Meditieren ist schöpferisch, ist wiederum tätig und empfangend zugleich. Es bedarf einer männlichen, zeugenden Denkgebärde, in die dann göttlicher Wille einströmt und in ihr empfangen wird. Die Legenden erzählen, daß Maria von klein auf mit Engeln verkehrte. Sie konnte Engel denken und erkannte ihre Gegenwart. Sie wußte, daß die Gedanken Gottes auf Erden zur Tat werden können, was mit dem Wort ausgesprochen wird: „Bei Gott sind alle Dinge möglich."

Diesem göttlichen Impuls stellt sich Maria dienend zur Verfügung, wenn sie zu dem Engel sagt: „Siehe, ich bin die Dienerin des Herrn. Mir geschehe nach deinem Wort." Der schöpferische Umgang mit dem Wort ist die Voraussetzung dafür, daß sie auf weibliche Weise Mensch sein kann, das Wort empfangen, dem Wort folgen kann, ob es ihr durch den Engel oder später durch Joseph oder dann durch den Sohn selbst zukommt. Sie kann äußerlich folgen, weil sie innerlich schöpferisch mit dem Wort leben und umgehen kann. In der Geburtsgeschichte des Lukas wird das auch deutlich, wenn da am Ende gesagt wird: „Maria bewahrte und bewegte alle diese Worte in ihrem Herzen."

Die weibliche Weise Mensch zu sein hat den gleich hohen Rang wie die männliche. Die Frau kann innerlich frei und souverän sein, wenn sie mit ihrer Seele dem Geiste zugewandt lebt. Wenn sie im Äußeren hängenbleibt, die Arbeit nur als etwas Äußerliches ansieht und mit ihren Interessen im Materiellen bleibt, gerät sie in die Karikatur des Weiblichen. Sie gerät in die Gefahr, sich noch männlicher als ein Mann zu gebärden – wie es bei manchen Feministinnen heute erlebt werden kann. Eine Frau, die Worte in sich bewegen kann, die dienen kann, ohne ihr Selbstwertgefühl zu verlieren, weil sie weiß, daß sie nicht einem herrischen Menschen, sondern einem Schicksal und dessen Intelligenz dient, eine solche Frau kann sich am Urbild der Maria orientieren, die dem Joseph folgte und als Mutter Gottes immer höchste Achtung und Liebe erfuhr.

So können uns Joseph und Maria zum Ideal werden für die männliche und weibliche Weise des Menschseins. Joseph vollzog im Innern die weibliche Gebärde des Empfangens gegenüber der Engelsbotschaft. Er empfing sie im Traum. So konnte er im Wachen und im äußeren Leben dem gemeinsamen Schicksal männlich vorangehen mit dem Licht der Erkenntnis, das der Engel in ihm entzündet hat. Maria vollzog im Innern die männliche Gebärde des Schöpferischen. Sie bewegte Worte in ihrem Herzen. Sie erlebte den Engel im Wachen und führte ein Gespräch mit ihm. Sie ging schöpferisch um mit dem Wort und seinem Überbringer. So konnte sie nach außen dienend sein, der Gemeinschaft dienen und dem Gott, der in ihr Mensch wird.

Maria konnte dem Joseph folgen, weil ihre Weise, Mensch zu sein, eine ganz andere ist als die des Joseph. Sie pflegte in ihrer Seele die Verbindung mit der geistigen Seite der Welt. Daraus bezog sie ihr Selbstwertgefühl und konnte im äußeren Leben dienen, sich opfern und in andere einfühlen, mitgehen und auch folgen, weil der Vorangehende ein geistig Empfangender war, der den gemeinsamen Weg mit einem Licht erleuchtet, das ihm von oben zukommt. Heute ist das Verhältnis von Mann und Frau vielfach so schwer gestört, weil die Frauen innerlich nicht mehr geistig schöpferisch sind und die Männer innerlich nicht mehr geistig empfangend. Die Frauen suchen dann im äußeren Leben eine männliche Selbstverwirklichung. Sie suchen Bestätigung, Anerkennung, Erfolg, Führungspositionen, die sie in Familie, Haushalt, Kindererziehung nicht erhalten. Die Männer können innerlich keine Botschaft und kein geistiges Licht empfangen. So führt sie das Leben immer mehr in die Verfinsterung des nur vom Materiellen Bestimmten. Demgegenüber weigern sich die Frauen mit Recht zu dienen, zu opfern, zu folgen. Auch wenn es ihnen nicht bewußt ist, fühlt der weibliche Teil ihres Wesens, daß sie der geistverlassenen Welt des Mannes nicht zustimmen, sondern entgegentreten müssen.

Der Kampf der Geschlechter, wie er heute herrscht, kann erst überwunden werden, wenn der Joseph in jedem Manne nicht mehr nur die äußere Seite des Lebens sieht und darum seinem Schicksal auszuweichen sucht, „Maria verlassen will", sondern wenn er anerkennen lernt, daß durch sie eine geistige Wahrheit irdische Wirklichkeit werden soll, daß das äußere Leben nach geistigen Aspekten gestaltet werden und von der Herrschaft der Geistlosigkeit befreit werden muß. Dazu bedarf er der Frau, die innerlich schöpferisch ist, die sozusagen mit dem Schicksal ins Gespräch kommen kann. Wenn sie dann bemerkt, daß der Mann aus der gleichen Schicksalssphäre seine Ideen, Intentionen und Pläne empfängt, kann sie sich dienend, opfernd dieser Gemeinsamkeit zur Verfügung stellen.

Denn es geht dann nicht mehr um Selbstverwirklichung des einzelnen, sondern um die Wirklichkeit eines Wesens zwischen dem Männlichen und Weiblichen. Es geht um die Verwirklichung dessen, der in allem lebt, was sich zwischen den Menschen bildet. Zwischen ihnen lebt das Sprechen. Zum Sprechen gehören zwei oder mehrere. Zwischen ihnen lebt Liebe in all ihren Formen. Zwischen ihnen lebt gleichzeitig Vergangenheit, Gegenwart und Zukunft. Das alles ist Ausdruck eines Wesens, das bezeichnet wird als der Logos, das Wort, das sprechende Wesen der Welt. Es wird auch als das Wesen der Liebe erlebt. Und es wird genannt „der, der da war, ist und sein wird". Für Joseph und Maria war es der Sohn. Wenn er heute zwischen den Menschen zugelassen wird, erleben sie ihn als Ver-söhn-enden, als Sohn des Menschen, der geboren wird, wenn die männliche und weibliche Weise des Menschseins so zusammenwirken, wie es urbildhaft vor 2000 Jahren durch Maria und Joseph geschah. Oft hat sich Jesus der Menschensohn genannt. Wo Versöhnung zwischen den Geschlechtern geschieht, da dürfen wir auch heute die Gegenwart des Menschensohnes erleben.

Vergangenes und zukünftiges Schicksal

Die beiden Geburtsgeschichten, wie sie von Matthäus und Lukas dargestellt werden, können uns Urbild werden zum Verständnis und Umgang mit menschlichem Schicksal. Wir wollen dafür die geistigen Forschungsergebnisse zu Hilfe nehmen, die Rudolf Steiner in seinen Schilderungen vom Fünften Evangelium gibt (GA 148). Die Tatsache, daß es im jüdischen Volk vor dem Erscheinen Christi zwei Messias-Erwartungen gegeben hat, ist inzwischen von anderen Forschern bestätigt und durch die Funde der Schriftrollen von Qumran allgemein bekannt geworden. Dadurch werden auch die beiden ganz unterschiedlichen Evangelienberichte verständlicher.

Was zuerst auffällt, das sind die ganz verschiedenartigen Stammbäume des Joseph. Von Matthäus wird erzählt, daß die heilige Familie in Bethlehem lebte und daß sie sich erst nach der Rückkehr aus Ägypten in Nazareth niederließ. Lukas dagegen erzählt, daß die Familie in Nazareth lebte und nur zur Volkszählung nach Bethlehem ging, wo das Kind geboren wurde. Sie kehrte daraufhin nach Nazareth zurück. In Nazareth werden heute noch zwei Häuser gezeigt, in denen die heilige Familie gelebt haben soll, und man meint, die Gelehrten seien sich nur nicht einig, welches das wahre Haus sei.

Matthäus bringt die Geschichte von den Priesterkönigen, die dem Stern folgten, um dem neugeborenen König ihre Verehrung und ihre Gaben zu bringen. Da ist weder von einem Stall noch von einer Herberge die Rede, sondern von einem Haus, über dem der Stern stehen blieb. Er erzählt auch von dem finsteren König Herodes, der den Kindermord anordnete, von der Flucht nach Ägypten und der Rückkehr nach Nazareth. Lukas erzählt vom Gebot Cäsars zur Volkszählung und der Wanderung Josephs und Marias nach Bethlehem, der Geburtsstadt Josephs. Es war die Stadt, an deren Tor die Urmutter Jesu, Rahel, bei der Geburt Benjamins gestorben war. In Bethlehem lebte die Ährenleserin Ruth, die als eine Fremde aus Moabit gekommen war, einen Israeliten heiratete und so auch eine Urmutter Jesu wurde. Bethlehem war die Geburtsstadt des Königs David; und alle Propheten sagten voraus, daß der Messias in Bethlehem geboren werden würde. Bethlehem heißt auf deutsch: „Haus des Brotes". So fügte es sich, daß der, der einmal von sich sagen würde: „Ich bin das Brot des Lebens", in Bethlehem, im Haus des Brotes, geboren wurde.

Lukas erzählt, wie Joseph und Maria keine Herberge fanden und das Kind im Stall geboren wurde. Die Hirten empfingen durch einen Engel Botschaft davon und hörten, wie Engelchöre dem Kind Lob sangen, den Menschen zum Trost. Sie hörten Engelworte und gingen nach Bethlehem, um dort die Wahrheit dieser Worte zu sehen. Sie verbreiteten das Wort unter den Menschen, und Maria bewahrte und bewegte diese Worte in ihrem Herzen. Nun schildert Rudolf Steiner, daß mit dem Kind, von dem Matthäus berichtet, ein großer Eingeweihter aus alter Zeit wiedergekommen war, Zarathustra oder Zoroaster genannt, auf deutsch „Goldstern". Zarathustra hatte in der Zeit der persischen Kultur den Kampf zwischen Licht und Finsternis gelehrt, zwischen Gut und Böse, Ahura Mazdao – dem Sonnengott – und Ahriman – dem Gott der Finsternis und Verhärtung.

Die drei Magier aus dem Morgenland, die Priesterkönige, wissen um die Geburt des großen Menschheitsführers. Sie sehen sein Zeichen am Himmel, den Goldstern, und bringen ihm Schätze, wie sie einem so Hochgeborenen gebühren. Es sind Schätze, die Symbolcharakter haben: Gold als Bild des Königtums, Weihrauch als Bild des Priestertums, Myrrhe als Bild des Arzttums. Sie sehen in dem Kind den König der Welt, den Hohenpriester und den Arzt, den Heiland der Menschheit. Sie erkennen den wieder, der ihnen aus ferner Vergangenheit lange bekannt ist. Diese große Persönlichkeit muß gleich zu Beginn ihres Erdenlebens den Kampf zwischen Licht und Finsternis erfahren, repräsentiert durch die lichten Könige und den finsteren König Herodes.

Eine ganz andere Individualität verbindet sich mit dem Jesuskind, das Lukas schildert. Es ist eine Seele, die sich noch nie zuvor inkarniert und sich einen paradiesischen Zustand bewahrt hat. Die jüdische Überlieferung nennt sie Adam Kadmon. Das ist eine Seele, die nicht mit der Adammenschheit das Paradies verlassen mußte und dem Menschheitsschicksal des Sündenfalls verfiel, sondern sich in diesem Jesuskinde zum erstenmal mit der sündigen Menschheit verband. Sie kam also ohne vergangenes Schicksal auf die Erde und lebte ausschließlich einem zukünftigen Schicksal der Menschheit.

Die Geburtsgeschichte nach Matthäus kann also Orientierung geben für alles Schicksal, das aus der Vergangenheit in dieses Leben hereinwirkt. Die Geburtsgeschichte nach Lukas zeigt, wie Zukunft im gegenwärtigen Schicksal wirkt und frei ergriffen werden will. Jeder Mensch bringt in dieses Erdenleben vergangenes Schicksal mit. Es liegt in den Begabungen, Fähigkeiten, in allem, was wir uns ohne viel Mühe und Anstrengung aneignen, weil wir es schon in uns haben und nur neu hervorrufen müssen. Alle wahren Genies bringen ihre Genialität schon von früher mit, aber jeder birgt seine Schätze, die er nur zu heben braucht, ohne besondere Anstrengung. Der eine hat sie im Musischen, der andere im Technischen, der dritte im Sozialen oder in der Beziehung zur Natur. Was andere sich in jahrelanger Mühe erarbeiten müssen, das fliegt ihnen zu, weil sie schon früher die Mühe darum aufgebracht haben.

Wie die drei Könige in den Sternen lesen konnten, wer da, ihnen schon bekannt, auf Erden geboren worden war, so sagt den Menschen auch heute das Horoskop, was der Geborene mitbringt an Eigenschaften, Fähigkeiten, Schwierigkeiten und Schicksalen. Und ahnungsweise oder deutlicher noch erkennen sich Menschen wieder, die schon früher miteinander zu tun hatten. Solche Wiederbegegnungen sind oft Sternstunden. Jeder fühlt sich beschenkt von einem Verstehen, einer Liebe oder einer Heilung durch den anderen. Jeder achtet in dem anderen die Königswürde, das Besondere, Unverwechselbare seiner Person. Die Stunden der Wiederbegegnung, ob sich die Menschen dessen bewußt sind oder nicht, sind eigentlich Weihnachtsstunden, weihevolle Stunden der Zusammengehörigkeit, einer Gemeinsamkeit, einer Urvertrautheit. Solche Stunden bringen Licht in die Nachtzeiten des Lebens, stehen unter einem guten Stern. Wir fühlen uns vom anderen im Tiefsten wahr-genommen.

Aber auch das Gegenteil wird erlebt, das Finstere, das noch aus der Vergangenheit stammt, das dem König Herodes, dem falschen König, nahesteht. In jeder Biographie gibt es Ereignisse, die dem Kind im Menschen, dem Werdenden, nach dem Leben trachten. Sie sind die dunklen

Folgen aus früheren Schicksalen. Alles, was wir nicht verarbeitet und ins Positive umgewandelt haben, was wir nicht wiedergutmachen konnten, alles, was wir uns und anderen vorgetäuscht haben, alles, womit wir von uns selbst abgefallen, uns selbst untreu geworden sind, das begegnet uns im Bild des falschen Königs wieder.

Die Kindermorde des dunklen Königs in uns können uns die Tiefenpsychologen zu Tage fördern und bewußt machen. Aber oft wird dabei vergessen, daß das Kind, das Werdende, in mir nicht getötet werden kann, auch wenn es allen mitgebrachten Reichtum zurücklassen und in die Fremde gehen muß. Alles, was getötet wurde, bleibt geistig mit dem Menschen verbunden, so wie die frühverstorbenen Kinder den Menschen noch lange nahe bleiben. Sie gehören weiterhin zum Schicksal ihrer Familien. So gehört auch alles, was frühzeitig in Kindheit und Jugend oder auch später in uns getötet wurde, zu unserem Schicksal. Klagen und Schuldzuweisungen führen da nicht weiter, sondern nur die Anerkenntnis, daß uns solche Todeserlebnisse zugemutet wurden, damit wir sie als Folge vergangenen Schicksals annehmen und in eine zukünftige Kraft verwandeln.

Manche Menschen erleben z. B., daß ihnen durch äußere Umstände jede Möglichkeit genommen wird, mitgebrachte Fähigkeiten zu entwickeln. Eine nach der anderen wird schon im Frühstadium getötet. Sie müssen einen Beruf ausüben, ohne eine dieser Begabungen. Sie können das ein Leben lang beklagen oder den Mut zum Ungekonnten aufbringen und das Anfängertum pflegen, Keimstadien, die viel später einmal ihre Vollendung finden können. Wir müssen bereit sein, alles Mitgebrachte hinter uns zu lassen und nach Ägypten, in eine fremde Welt zu gehen. Wer das tut, kommt als ein Fortgeschrittener zurück und kann dem mitgebrachten Schicksal eine neue Wendung geben.

Ein junger Mensch mußte, weil er Halbjude war, unter der Herrschaft Hitlers in Deutschland mit 14 Jahren die Schule verlassen. Alle seine Begabungen, intellektuelle, musische, sprachliche, durfte er nicht zur Entfaltung bringen. Und er lebte in dem Gefühl, ausgestoßen und heimatlos zu sein. Als nach vier Jahren der Krieg und damit dieses Regime beendet war, ging er wieder in die Schule, in die Klasse seiner Altersgenossen. Zu seinem Erstaunen bemerkte er, daß er sich sehr von ihnen unterschied. Seine mitgebrachten Begabungen hatte er nicht entfalten können, aber ganz andere, neue Fähigkeiten hatte er durch die Schicksalsumstände entwickelt. Soziale und religiöse Fähigkeiten hatte er sich in der Fremde erworben. Er kehrte als ein anderer von der „Flucht nach Ägypten" zurück.

Die Geburtsgeschichte nach Lukas kann uns zum Urbild für zukünftiges Schicksal werden. Es beginnt immer in Armut und Heimatlosigkeit. Da ist kein Wiedererkennen auf Erden, kein Wiederfinden, kein Weiterführen. Da geschieht alles zum erstenmal. Aber die Fremdheit auf Erden läßt den Menschen dem Himmel näher sein. Er sieht die Not der Menschen, der Erde und entdeckt die Ideale, mit deren Hilfe die Not zu lindern wäre. Er lebt in den Engelworten: „Geoffenbaret sei Gott in den Höhen, und Frieden auf Erden den Menschen, die eines guten Willens sind." Auch wenn wir Menschen nicht wörtlich darin leben, sobald wir nach zukünftigem Schicksal fragen, kann uns diese Weihnachtsbotschaft zur Orientierung werden. Wir sind aufgerufen, Menschen guten Willens zu werden, damit Offenbarungen im Geist und Frieden im Herzen in Zukunft möglich werden.

Lukas schildert, wie das Kind, das der Träger der Zukunft ist, von zwei uralten Repräsentanten der Vergangenheit gesegnet wird, von dem Priester Simeon und der Priesterin Hannah, die beide im Tempel von Jerusalem dienten. Das zukünftige Schicksal, das wir bewirken wollen, wird von den Trägern der Vergangenheit gesegnet. Es knüpft an an alles Gewordene, wie der neue Same aus der alten Pflanze hervorgeht. Durch Fremdheit und Armut in Raum und Zeit verbindet sich der Mensch mit dem Übersinnlichen und Überzeitlichen, aus dem ihm die Ideale zur Bildung einer Zukunft von oben zugesprochen werden, so, daß ihm die Kräfte der Vergangenheit zum Segen gereichen. Mit Hilfe der Bilder aus den Geburtsgeschichten der beiden Evangelien können wir üben, vergangenes und zukünftiges Schicksal zu unterscheiden, um es dann dem eigenen Wesen gemäß zu verbinden, folgend dem Goethewort: „...mußt erst unterscheiden, dann verbinden“.

Elternprobleme

Es gibt vielerlei Probleme, die Eltern mit ihren Kindern haben können. Oft hängen sie mit der Gesundheit und Konstitution des Kindes zusammen. Sie können durch die familiäre Situation ausgelöst werden, z. B. wenn die Mutter alleinerziehend ist, die Eltern in Scheidung leben, Großeltern sich unvernünftig einmischen, eines der Geschwister besonders viel Zuwendung braucht und daraus Eifersucht entsteht. Man könnte die Reihe noch lange fortsetzen. Es gibt aber ein Elternproblem, das in jeder Biographie auftaucht und das zu jedem Leben gehört. Es tritt ein, wenn der Mensch als Kind seiner Eltern kein Kind mehr ist, wenn er ins Jugendalter gekommen ist. Das Urbild dafür finden wir im Lukas-Evangelium.

Der junge Jesus durfte zum erstenmal mit den Eltern zum Osterfest in den Tempel von Jerusalem gehen. Er hatte das Alter erreicht, daß er in die Welt der Erwachsenen eintreten durfte, und der erste Schritt wurde im Tempel vollzogen, so wie im Christentum dieser Übergang durch Konfirmation oder Firmung gesegnet wird. Auf der Heimreise bemerkten die Eltern am Abend, daß ihr Sohn nicht mit ihnen gekommen war, sich auch nicht bei den Reisegefährten befand. Sie gingen zurück nach Jerusalem und fanden ihn unter den Lehrern. Er setzte alle in Erstaunen durch seine klugen Worte, Fragen und Antworten. Die Eltern erkannten ihn nicht gleich, so anders erschien er ihnen. Dann machten sie ihm Vorwürfe: „Warum hast du uns das angetan?“ Und er erwiderte: „Wußtet ihr nicht, daß ich da sein muß, wo mein Vater ist?“

Er ging mit ihnen nach Hause, nach Nazareth, und es wird gesagt, daß er zunahm an Lebensreife und innerer Schönheit, so daß es sichtbar wurde vor Gott und den Menschen.

Den Salomonischen Tempel in Jerusalem gibt es schon lange nicht mehr. Heute muß jeder Mensch sich den Tempel im Innern errichten, in dem er sein kann, wo sein geistiger Vater ist. Viele erwachsene Menschen kennen solch einen inneren Tempel gar nicht und erheben andere Häuser zu ihrem Tempel: das Geschäft, den Sportplatz, die gesellschaftlichen Zusammenkünfte, die Partei, das Ferienhaus und vieles mehr. Eines Tages bemerkt der herangewachsene Mensch, daß er im Tempel seiner Eltern nicht zu Hause ist. Weil er aber nur diese Götzentempel kennt, geht er auf die Suche nach seinen Göttern und ihren Tempeln. Ein Jugendclub, eine Diskothek, eine Interessengemeinschaft kann sein Götzentempel werden. Dann beginnt ein Religionskrieg zwischen ihm und den Eltern. Jeder glaubt, sich für die einzig wahre Sache einzusetzen. Und doch dienen beide Seiten nur Scheingöttern, die den Menschen unfrei und abhängig machen.

Es gibt aber den unsichtbaren Tempel, für den der Salomonische einmal das irdische Abbild war. Dieser Tempel ist das menschliche Innere. Es hat einen Vorplatz, wo sich alles Volk versammeln kann. Dort machen sich auch immer wieder die Händler und Wechsler breit. Es ist der Bereich der Seele, in dem sich noch viel vom Alltag abspielt. Von Zeit zu Zeit muß er gereinigt werden. Was nicht hineingehört, muß hinausgetrieben werden, damit er wieder ein würdiger Zugang zum Heiligtum des Tempels sein kann. Klärende Gespräche, manchmal auch ein reinigendes Donnerwetter sind nötig, um den Seelenraum der menschlichen Beziehungen zu einem Tempelbezirk werden zu lassen.

Im Heiligtum der Seele wenden wir uns dem Göttlichen im anderen Menschen zu. Das kann durch Fürbitte geschehen, die wir für Menschen pflegen, die uns nahestehen, für die wir Verantwortung tragen, mit denen wir gerade Schwierigkeiten haben. Das kann auch in den besonderen Stunden der Freundschaft, der Liebe, der inneren Einigkeit sein.

Im Heiligtum brennt der siebenarmige Leuchter – das Bild für das siebengliedrige Menschenwesen. Alle Weisen der Menschheit kannten das Geheimnis des siebengliedrigen Menschen. In der Sprache Rudolf Steiners können wir sagen: Sein physischer Leib, seine Lebenskräfte, seine Seelenmächte werden durch die Ichkraft verwandelt in durchgeistigte Seele – Geistselbst genannt –, in verwandelte Lebenskraft – genannt Lebensgeist – und in vergeistigten physischen Leib, den Geistesmenschen. Der jüdische Leuchter ist Symbol für dieses gottgewollte Menschenwesen: Was von oben herabsteigt, wird durch

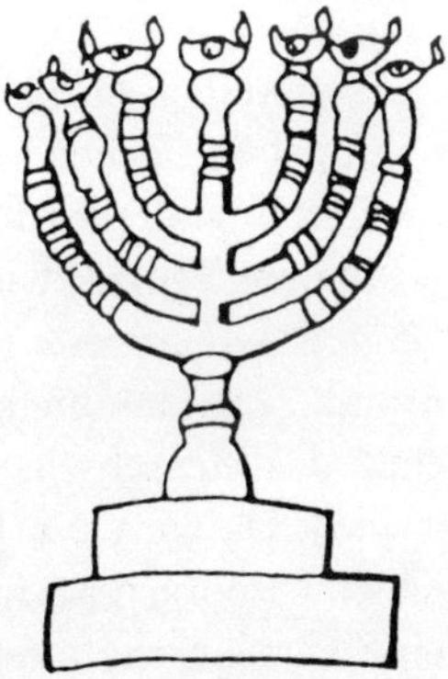

die Mitte, die Ichsphäre, verwandelt und steigt wieder hinauf. Das Heiligtum des inneren Tempels wird dann betreten, wenn ein Mensch im Sinne dieses Menschenbildes an den anderen glaubt.

Die Schaubrote, die im jüdischen Tempel im Heiligtum auslagen, sind Bild für die Wegzehrung, die der Mensch im inneren Heiligtum empfängt. Nährende Worte, Gedanken, Taten sind es, die einer dem anderen zukommen läßt.

In das Allerheiligste darf nur der Hohepriester eintreten. Dort steht die Bundeslade mit den Gesetzestafeln, die für alle Menschen gelten, und doch darf nur der eine dort eintreten. Im Tempel des Menscheninnern ist es der Raum des ureigensten Gewissens. In dieses Allerheiligste darf nur er selbst eintreten, und doch findet er in seinem Gewissen die göttlichen Ordnungen, die für alle Menschen gelten. Der Hohepriester in uns dient dem einen Gott, der Mensch war und alle zu wahren Menschen werden lassen will, jeden auf seine ihm eigene Art und Weise. Darum ist es berechtigt, daß jeder das Allerheiligste seines inneren Tempels vor jeglichem Zutritt Unbefugter bewahrt und schützt.

Es gibt besondere Situationen im Leben, in denen wir erleben, daß unser Tempel im eigenen Innern identisch ist mit dem Tempel im Innern anderer Menschen, und daß *ein* Hohepriester in diesem Tempel wirkt. Das sind die herausgehobenen Zeiten, wo „zwei oder drei in seinem Namen zusammen sind“, man könnte auch sagen, in denen eine Gemeinschaft das Menschsein verwirklicht, zum Menschen geweiht wird. Da wird der Tempel, der sonst im Innern des einzelnen verborgen ist, für kurze oder längere Zeit durch eine Gemeinschaft repräsentiert. Aber dieser Tempel besteht nicht konstant, zieht sich immer wieder ins Verborgene zurück und muß aufs neue als Gemeinschaft gebaut werden.

Wenn Eltern diese Tempelgeheimnisse kennen, werden sie zur rechten Zeit ihre heranwachsenden Söhne und Töchter dorthin führen. Vielleicht zuerst in den Vorhof ihres eigenen Tempels, vielleicht auch schon ins Heiligtum, wo der siebenarmige Leuchter und die Brote zu finden sind. Durch Gespräche und gelebtes Vertrauen kann das geschehen. Oder die Heranwachsenden werden in die Tempelgemeinschaft aufgenommen, erhalten den Schlüssel für ihren eigenen Tempel im Innern und in der Konfirmation die Segenskraft, ihn würdig zu betreten.

Wie auch immer Eltern ihr jugendliches Kind in den Tempelbezirk der eigenen Seele einführen, sie müssen damit rechnen, daß sich eine Veränderung vollzieht. Es ist nicht mehr ihr Kind, zu dem sie unbekümmert Zugang haben. Der junge Mensch hat dann seinen Tempel gefunden, „in dem er sein muß“, weil er sein wahres Wesen birgt. Und er hütet sein Allerheiligstes, auch wenn er die Tempelgeheimnisse noch längst nicht versteht. Was in seinem Innern vorgeht, kann und will er nicht mehr mit den Eltern besprechen. Er erwartet, daß sie ihn auch so verstehen. Wohl den Eltern und ihrem Kind in dieser biographischen Station, die, wie einstmals Maria, die Worte des Jugendlichen in ihrem Herzen bewegen: „Wußtet ihr nicht, daß ich sein muß in dem, was meines Vaters ist?“ Wißt ihr nicht, daß ich dem göttlichen Vater in mir selbst den Tempel weihen muß und nicht länger durch eure Türen eintreten und wieder hinausgehen kann? Daß ich meine Zeit brauche und mich nicht länger nach euren Zeiten richten kann?

Wenn Eltern diese Stimmung und Erfahrung annehmen und bewegen, wird ihr Sohn oder ihre Tochter noch lange mit ihnen nach Hause gehen. Ihr Kind wird zunehmen an Lebensreife und Seelenschönheit, weil ihm sein innerer Tempel überlassen wird, sein Vorplatz für alle, die es dort treffen will, sein Heiligtum für solche, die ihm Menschenvorbild und Wegzehrung geben, sein Allerheiligstes für es und seinen Gott, dem unbekannten Gott. Es wird auch Götzentempel betreten, aber es wird sie von seinem inneren Tempel unterscheiden können, weil die Eltern selbst diese Unterscheidung im Leben mit dem Kind gepflegt haben. Der Schmerz der Eltern, als sie das Kind suchten und einen anderen Menschen wiederfanden, wird sich wandeln, wenn aus allen Problemen des Jugendlichen der innere Tempel hervorwächst und sie erleben dürfen, wie der Mensch, der ihr Kind war, sich selbst näherkommt in „Lebensreife und seelischer Schönheit“.

Freundschaft

Das Wort Freund wird in sehr verschiedenem Sinne gebraucht. Einer hat viele Freunde – in jeder Stadt, in der er beruflich zu tun hat, kann er bei einem Freund Quartier bekommen. Oder er lädt alle seine Freunde zum Geburtstag ein. Er hatte eine Zeitlang einen Freund, aber es gab Krach zwischen ihnen, und seitdem ist er nicht mehr sein Freund. So haben manche Menschen einen Freundschaftsbegriff, zu dem alle Formen menschlicher Beziehung gehören. Andere haben gar keinen Freund, weil ihre Idee von Freundschaft so hoch und anspruchsvoll ist, daß keiner sie erfüllen kann. Zwischen diesen extremen Auffassungen von Freundschaft gibt es zahllose Variationen.

Jeder hat die Freiheit, andere Menschen Freunde zu nennen, ganz wie er will. Es gibt aber ein Freundschaftserleben, das nicht in die Willkür des einzelnen gestellt ist. Dafür finden wir das Urbild wieder im Evangelium. Am Ende des dritten Kapitels des Johannes-Evangeliums wird erzählt, wie die Juden mit den Jüngern des Täufers Johannes streiten, ob es berechtigt ist, daß Jesus auch tauft. Sie fragen Johannes, und er sagt, niemand könne ein solches geistiges Amt ausüben, wenn ihm nicht der Auftrag dazu von oben erteilt worden sei. Und dann spricht er von seinem Verhältnis zu Christus, nennt ihn den Bräutigam und sich selbst den Freund des Bräutigams. Johannes kann uns also zum Urbild des Freundes werden und sein Verhältnis zu Christus zum Urbild der Freundschaft.

Eine Vorahnung dieser Freundschaft stellte sich schon ein, als diese beiden Menschen noch im Mutterleibe waren. Als ihre Mütter, Maria und Elisabeth, sich begegneten, hüpfte das Kind im Leibe der Elisabeth vor Freude, dem zu begegnen, mit dem es in der Zukunft ein großes gemeinsames Schicksal haben würde (Lukas 1).

Die nächste Begegnung, von der das Evangelium berichtet, fand erst 30 Jahre später statt. Johannes stand am Jordan, und die Menschen strömten zu ihm, um sich taufen zu lassen. Eines Tages sah er auch Jesus auf sich zukommen, und er erkannte ihn. Die Bitte Jesu wies er zuerst mit den Worten von sich: „Ich müßte von Dir getauft werden, denn ich bin nicht würdig, die Riemen Deiner Schuhe zu lösen." Erst als Jesus ihn darauf hinwies, daß eine göttliche Ordnung erfüllt werden soll, vollzog er die Taufe an ihm. Er tauchte ihn unter, und in dem Augenblick, als er wieder aus dem Wasser emporstieg, sah Johannes, wie der Himmel über Jesus sich auftat und der Geist Gottes in Taubengestalt sich herniedersenkte und in ihn einging. Lukas bringt die Worte, die aus dem geöffneten Himmel ans Ohr des Johannes drangen: „Dieser ist mein geliebter Sohn. Heute habe ich ihn gezeugt." Die anderen Evangelisten berichten die Worte: „In ihm will ich mich offenbaren."

Johannes darf also Zeuge sein, daß der Himmel aufgeht über diesem Menschen, und er darf in diesem Augenblick erfahren, wer es ist, den er so tief verehrt und liebt. Es ist der Gottessohn Christus, der sich mit dem Menschen Jesus in der Taufe verbunden hat. Dieses Erlebnis läßt Johannes eine tiefe Freundschaft zu Jesus fühlen. Darum kann er sich später als Freund des Bräutigams bezeichnen. Diese Freundschaft geht durch alle Höhen und Tiefen des Lebens. Als Johannes von Herodes in den Kerker geworfen wurde, schickte er seine Jünger zu Christus und ließ ihn fragen, ob er der sei, von dem die Propheten gesprochen haben. Jesus verurteilte die fragenden Zweifel des Johannes nicht. Er sagte dessen Jüngern, sie sollen ihm berichten, was sie hören und sehen von seinem heilenden Wirken. Und dann sprach er über das Wesen des Johannes zu den Menschen. Wie Johannes für ihn Zeugnis abgelegt hat, so legte er jetzt Zeugnis ab für Johannes. Er beschrieb seinen geistigen Rang, der größte unter allen Menschen und der kleinste im Reiche der Engel zu sein. Und zuletzt sprach er: „Er ist Elias, der wiederkommen soll. Wer Ohren hat zu hören, der höre es."

Die Beziehung zwischen diesen beiden Großen zeigt, was auch unter uns kleinen Menschen die Voraussetzung wahrer Freundschaft ist. Auch wenn es zumeist nicht so bewußt wird, so dürfen wir doch das Erlebnis haben, daß wir den Himmel über einem Menschen offen gesehen und etwas von ihm erlebt haben, das nur selten in Erscheinung tritt und doch er selbst ist. Das bekannte Wort von Friedrich Rückert rührt an dieses Geheimnis: „In jedem lebt ein Bild des, das er werden soll. Solang er dies nicht hat, ist nicht sein Friede voll." In bezug auf die Freundschaft darf man dieses Wort auch einmal umformulieren: „Im Freunde lebt das Bild des, das der andere werden soll. Solang er daran glaubt, ist Freundschaft friedevoll."

Die Stunden der Freundschaft unter offenem Himmel, in denen einer dem anderen durch seine Schicksalsergebenheit zu sich selbst verhilft, sind selten. Wenn einer sich in den Dienst des anderen Schicksals stellt, ihm z. B. so zuhört, daß er sich verstanden fühlt, oder seine Art zu denken, zu handeln, zu sprechen bejahen, ihr zu-stimmen kann, dann geschieht es manchmal, daß einer des anderen Wesen wie das eigene erlebt, und das ist der offene Himmel. Denn der Geist Gottes ist das Wesen, das die Vielfalt des Individuellen zu dem einen Bild des Menschen, das er werden soll, bildet. Damals, mit der Jordantaufe ist ein Mensch ganz und gar dem Bilde gleich geworden, das er werden soll. Aber auch wo Menschen unter offenem Himmel einander bejahen, aneinander glauben, einander erkennen, da wird Freundschaft zur verwandelnden Kraft in Richtung dieses Wahrbildes des Menschen.

Wie schwer ist es, diesem Erlebnis treu zu bleiben! Auch Johannes der Täufer geriet ins Wanken, als er seine Boten schickte, um Jesus nach seiner Identität zu fragen. Dieser sagte nicht: „Ja, ich bin es", sondern gab seinem Freund Hinweise, aus sich selbst diese Frage zu beantworten. Und dann bekannte er sich seinerseits zu dem geistigen, unsterblichen Wesen des Johannes.

Wenn der Alltag uns das Wahrbild des Freundes verdunkelt, wenn der Zweifel den Glauben an ihn verdrängen will, dann müssen wir alles tun, um uns dieses Bild von neuem in die Seele zu rufen. Wir müssen nicht meinen, daß er uns direkt eine Antwort auf unsere Fragen geben kann. Wir dürfen nicht von ihm fordern, so zu sein wie früher. Wir dürfen ihn nicht ändern wollen, nicht nach unserem Bilde formen wollen. Wir sind seinem Verhalten gegenüber machtlos, wie in einen Kerker gesperrt. Aber in uns selbst müssen wir das Bild seines Wesens, wie wir es einmal schauen durften, wach halten und pflegen. Das ist die wahre Treue. Rudolf Steiner hat Worte gegeben, die uns beim Üben dieser Treue helfen können:

„Schaffen Sie sich eine neue, starkmutige Anschauung von Treue an; was die Menschen sonst Treue nennen, vergeht so schnell. Das aber machen Sie zu ihrer Treue: An dem anderen Menschen werden Sie Augenblicke erleben, schnell dahingehende: da wird er Ihnen erscheinen wie erfüllt, wie durchleuchtet von dem Urbild seines Geistes. Und dann können, ja werden andere Augenblicke, lange andere Zeiten kommen, da verdüstern sich die Menschen. Sie aber sollen lernen, in solchen Zeiten zu sagen: ‚Der Geist macht mich stark. Ich denke an das Urbild; ich sah es doch einmal. Kein Trug, kein Schein raubt es mir.' Ringen Sie immer um dieses Bild, das Sie sahen. Dieses Ringen ist Treue. Und so nach Treue strebend, wird Mensch dem Menschen wie mit Engel-Hüter-Kräften nahe sein."*

Der Freund aber, der die Zweifel des anderen an ihm zu spüren bekommt, sollte sich nicht verteidigen, auch nicht resignieren, sondern seinerseits positiv über den Freund denken, sprechen und ihn lieben, so wie Jesus damals liebevoll über das unsterbliche Wesen des dem Tode nahen Johannes sprach. Wer in dieser Weise durch alle Krisen hindurch Freundschaft übt und pflegt, der wird über den Tod hinaus besondere Erfahrungen machen – so wie Christus und seine Jünger über den Tod des Täufers hinaus Erfahrungen mit ihm gehabt haben.

Rudolf Steiner schildert aus seiner geistigen Forschung, wie Johannes nach seinem Tod als der Genius des Jüngerkreises erlebt wurde. So berichtet das Evangelium, daß die Jünger von Christus ausgesandt wurden zu predigen, zu heilen und Tote zu erwecken. Herodes hörte von den Taten der Jünger und fürchtete, Johannes der Täufer, den er hatte enthaupten lassen, sei vom Tode erstanden und vollbringe nun die Taten der Jünger. Auch an der Speisung der

* Wortlaut eines Rudolf Steiner zugeschriebenen Briefes, zitiert nach: Mitteilungen aus der Anthroposophischen Arbeit, Nr. 91, Ostern 1970, S. 48

5000, die unmittelbar nach dem Tode des Johannes berichtet wird, ist dieser als Wesen der Jüngergemeinschaft beteiligt.

So bekommt das Wort des Christus in den Abschiedsreden noch eine ganz eigene Bedeutung. Das 15. Kapitel des Johannes-Evangeliums bringt die Rede „Ich bin der wahre Weinstock, ihr seid die Reben..." und den Auftrag an die Jünger, einander zu lieben, so daß man sie an der Liebe als seine Jünger erkennen wird. In dieser Rede spricht er dann die Worte: „Eine größere Liebe hat niemand als die, daß er sein Leben hingibt für seine Freunde. Ihr seid meine Freunde. ... Ich will euch hinfort nicht mehr Knechte nennen, denn ein Knecht weiß nicht, was sein Herr tut. Ich will euch Freunde nennen. Denn ich habe euch alles kundgetan, was mir mein Vater aufgetragen hat."

Das Freundsein, das er mit Johannes gepflegt hat, geht nun über auf den Jüngerkreis. So kann die Freundschaft zwischen zwei Menschen überströmen in Verhältnisse, die sich zwischen Menschen bilden, die sich auf einem gemeinsamen geistigen Weg befinden, auf dem Weg, Jünger Christi zu werden. Gerade dann bewährt sich die Freundschaft mit einem einzelnen Menschen, wenn die Seele dadurch so reich und weit wird, daß sie in andere menschliche Verhältnisse überströmt. Das innere Auge ist erwacht, das Bild des Menschen nicht nur in dem einen zu sehen, sondern in allen, die es in sich beleben wollen. Durch den persönlichen Freund wird es möglich, den Freundesblick zu stärken, mit Hilfe dessen wir den Freund des Menschen in vielen erkennen können dann, wenn wir seinen Auftrag erfüllen „einander zu lieben, wie er den Menschen liebt".

Auseinandersetzung mit dem Bösen

Täglich hören wir über Radio, Zeitung und Fernsehen von vielfältigen Wirkungen des Bösen überall in der Welt. Wir sind entsetzt, empört, betroffen, und doch haben wir zumeist einen gewissen Abstand dazu. Meistens passieren die Dinge nicht in unserer unmittelbaren Umgebung, und wenn doch, so sind wir selten direkt betroffen. Das wird sofort anders, wenn das eigene Kind in Böses verstrickt wird, in Drogenhandel, Kaufhausdiebstahl, brutale Rauferei. Aber noch sind wir bemüht, uns selbst und anderen zu zeigen, daß wir für das Fehlverhalten uns Nahestehender keine Schuld tragen. Wenn wir selbst kleine Verfehlungen begehen, lügen, uns wichtig machen, lieblos, herrschsüchtig, bequem oder aggressiv sind, dann nehmen wir das nicht so schwer, denn andere sind genauso, die Umstände sind schuld daran, Streß, Übermüdung, Folgen einer unglücklichen Kindheit, Selbsterhaltungstrieb und vieles mehr.

Wir können beobachten, daß Menschen die persönliche Auseinandersetzung mit dem Bösen meiden, dagegen das Böse in der Welt mit Eifer verfolgen. Wer aber Unkraut aus seinem Garten entfernen will, muß es mit der Wurzel ausreißen, sonst wächst es nach, und man gewöhnt sich schließlich daran. Die Wurzeln des Bösen liegen in jedem Menschen selbst. Das Böse könnte draußen nicht in Erscheinung treten, wenn es nicht im Menschen verwurzelt wäre. Natürlich muß gegen jede Art von Kriminalität eingeschritten werden, aber damit reißt man das Unkraut nur ab, und es wächst wieder nach.

Die Wurzeln muß jeder in sich selbst finden und daran arbeiten, sie auszugraben. Drei große Urbilder gibt das Evangelium, die uns leiten, mit diesem inneren Kampf zu beginnen, der sich auch im Äußeren darlebt, und mit denen wir heute eine künftige Zeit wahrer Bruderliebe vorbereiten können. Die Geschichte von der Versuchung Christi gibt uns Hilfen, das Böse zu erkennen und den Kampf zu bestehen. 40 Tage lebte Christus in der Einsamkeit der Wüste, um sich nach dem Taufereignis in den Menschenleib Jesu einzuleben. Der Gott hatte diesen ungeheuren Schritt vollzogen, Mensch zu werden und alles anzunehmen, was zum irdischen Menschsein gehört. Damit wollte er das Menschentum wieder mit seinem Ursprung verbinden, der in der Schöpfungsgeschichte bezeichnet wird mit den Worten: „Zum Bilde Gottes schuf er ihn", den Menschen. Davon war er durch die Versuchermächte weit entfernt worden. Nun tritt Gott, dessen Bild der Mensch sein sollte, selbst in das Menschsein ein, um ihm die Wendung zu geben. Außer Johannes, dem Freund, hat es noch kein Mensch bemerkt. Aber die, die es am meisten betrifft, sind zur Stelle und wollen gleich zu Beginn diese Gottes-Menschen-Tat verhindern.

Mit ihren drei großen Waffen, die genau den Schwachstellen der Menschenseele entsprechen, treten sie an Jesus Christus heran. Die Reihenfolge ihrer Angriffe wird verschieden berichtet. Matthäus erwähnt zuerst die Versuchung, Steine in Brot zu verwandeln; als zweite, sich von der Zinne des Tempels zu stürzen; als dritte, Herrscher über alle Reiche der Welt zu werden, dafür aber vor dem Teufel niederzuknien und ihn als den Herrn zu verehren. Lukas bringt die dritte Versuchung als zweite und die zweite als dritte.

Rudolf Steiner beginnt mit der Versuchung, die Reiche der Welt zu besitzen, dann sich von der Zinne des Tempels zu stürzen und endet mit der Versuchung, Steine in Brot zu verwandeln. Vielleicht will das besagen, daß die Versucher ihre Angriffe gegen unterschiedliche Menschen auf verschiedene Weise vortragen. Aber ein Merkmal trifft immer und für alle zu: Sie fühlen sich besonders herausgefordert zu Zeiten, in denen der Mensch dem wahren Menschentum besonders nahekommt. Diese Entwicklung muß sofort gestört und verhindert werden. Die Bibel hat zwei Namen für diese Versuchermächte: Diabolus, das heißt Durcheinanderwerfer, und Satanas, der Hinderer. In der Apokalypse treten die beiden in der Gestalt des Drachen auf, von dem es heißt, daß er zugleich diabolischer und satanischer Natur sei. Sie können also einzeln oder gemeinsam an den Menschen herantreten, um dessen geistige Intentionen durcheinanderzuwerfen oder zu verhindern.

Die große Intention des Christus war es, im Laufe von drei Jahren immer mehr auf göttliche Kräfte zu verzichten, um Mensch zu werden. Der Mensch hatte von Gott den Auftrag bekommen, sich die Erde untertan zu machen, aber im Einklang mit der göttlichen Weisheit und in Liebe zu den lebendigen Wesen der Naturreiche. Er ist der Versuchung unterlegen, im Dienste des Bösen die Natur zu beherrschen, sie gegen ihre Weisheit und ohne Liebe zu ihr auszubeuten. Die Versuchermächte wollten den Mensch gewordenen Gott auf ihre Fährte bringen. Sie führten ihn auf eine innere Höhe, von der aus er alle Reiche der Welt und ihre Herrlichkeit schaute, alles, was er aus ihren Reichtümern und Erfindungen bekommen kann. Alles das sollte ihm gehören.

Lag darin nicht ein Bestandteil des Menschseins, in das Christus sich doch begeben wollte? Konnte er das Menschsein erfahren, wenn er das Angebot nicht annahm? Er erkannte den Versucher. Er erkannte ihn daran, daß der Mensch zwar über die Natur herrschen, aber selbst sich unterwerfen sollte, einen Herrn anbeten sollte, mit dem er sich nicht identifizieren kann, ohne sein Menschentum zu verleugnen. Er wies den Satan von sich mit dem Wahrheitswort: „Du sollst Gott als Deinen Herrn verehren und ihm allein dienen."

Am Ende der drei Erdenjahre wird er zeigen, indem er den Jüngern die Füße wäscht, daß man Gott dient, wenn man den Menschen dient. Und in Gleichnissen wird er den Menschen sagen, daß der ein guter Hirte und Herr, ein Pfleger der Naturreiche ist, der ihnen dient. Indem er diese Versuchung bestand, hat er dem Menschen eine Orientierung gegeben, wie er mit den Erdenwesen umgehen soll als Herr, aber ohne zu herrschen; als Diener, aber ohne sich vom Bösen abhängig zu machen.

Die heutigen Umwelt- und Ökologieprobleme zeigen überdeutlich, für welchen Herrn sich die Menschen entschieden haben, besser gesagt: unter wessen Herrschaft sie unfreiwillig geraten sind. Man hat im Christentum jahrhundertelang Armut gepredigt als Mittel gegen den Versucher, der durch Reichtum von Gott abbringen will. Der aber weiß genau, wie er an Menschen so herankommt, daß sie es gar nicht merken. Er beeinflußt ihr Denken, so daß sie die Reiche der Welt und ihre Herrlichkeit als Sachen, als materielle Dinge anschauen und denken und das Auge der Seele erblindet, das wesenhaft sehen konnte. Wer aber Pflanzen, Tiere, Erde und Elemente nicht mehr als lebendige Wesen sehen kann, der sieht auch nicht die Wesen des Bösen, der erklärt alles mechanisch und hält alles für machbar.

Das Resultat dieser Niederlage in der Versuchung haben wir heute um uns, und ein großes Erwachen dafür geht durch die Menschheit. Jeder weiß, daß es so nicht weitergehen darf; aber wie schwer ist es, daß jeder einzelne bei sich selbst ernst damit macht! Wer verzichtet auf das Auto, auf das Rauchen, auf die Verpackung der Waren, auf allen unnötigen Müll? Und wo es geschieht, da ist es noch lange nicht eine neue Einstellung zu den Wesen der Natur, sondern Angst um das eigene Leben oder dasjenige der Nachfahren. Wer stellt sich in den Dienst anderer, ohne selbst herrschen zu wollen? In den vielen Kämpfen, die ausgefochten werden in Ehen, Familien, Berufs- und Religionsgemeinschaften, im Wirtschafts- und Finanzleben, in Politik und in sozialen Zusammenhängen, da geht es kaum je um den Dienst am Menschen, sondern um Konkurrenz, Macht, Herrschaftsansprüche, Besitz und alles, womit sich der Mensch die Welt untertan macht.

Erst wenn ein neues Denken geübt wird, kann sich das Auge wieder öffnen und das Ohr Stimmen unterscheiden, die den Herren erkennen lassen; der eine, der uns zwingen will, ihm zu dienen, der andere, der uns freiläßt, ihm dienen zu wollen oder nicht. Der eine entfremdet uns immer mehr von uns selbst. Den anderen finden wir als das Wesenhafte aller Wesen und tief mit uns selbst verwandt. Nur eine Verwandlung des Denkens zum inneren Sehen und Hören, zum Sich-Hineinversetzen in ein anderes Wesen läßt uns heute die Versuchung bestehen, damit das Leben des Menschen und der Erde gerettet werden kann.

Eine weitere Orientierung für die Auseinandersetzung mit dem Bösen gibt uns das Evangelium mit der Schilderung, wie Christus die nächste Versuchung bestand. Er wurde auf die Zinne des Tempels geführt und aufgefordert, sich vor aller Augen hinabzustürzen, um zu beweisen, daß er Gottes Sohn ist und die Engel ihn behüten werden, „daß er seinen Fuß nicht an einen Stein stoße". Er wollte aber die Widerstände des Erdenlebens kennenlernen, wollte seinen Fuß an Steine stoßen, wollte den Menschenleib, der der Schwerkraft unterliegt, annehmen. Er wollte nicht, daß die Menschen ihn um magische Taten bewundern und ihm darum anhängen, vielmehr, daß sie ihn aus Freiheit lieben, aus innerem Einvernehmen mit ihm. Zwar hat er dann so manches sogenannte Wunder vollbracht, aber immer war es ihm wichtig, daß die Menschen sich selbst daran beteiligen.

Kein einziges seiner Zeichen ist geschehen, ohne den ganzen Einsatz des beteiligten Menschen. Das war ihm wichtig, und darauf hat er sie immer verwiesen: „Dein Glaube hat dich gesund gemacht", „Nimm dein Bett und gehe"; Brot und Fische des Knaben waren nötig für die Speisung der 5000. Je näher das Ende seines Erdenlebens rückte, um so weniger, zuletzt gar nicht mehr, geschahen solche Wunder. Er ist eben nicht vom Kreuz herabgestiegen, obwohl er es gekonnt hätte. „Du hättest keine Macht über mich, wenn sie dir nicht von oben gegeben wäre", sagte er zu Pilatus, und auch: „Wenn ich wollte, könnte ich meinen Vater bitten, und er würde mir Legionen Engel zu meiner Rettung schicken." Aber er wollte das nicht. Wie er der Versuchung am Anfang widerstand, so widerstand er ihr bis zuletzt und gab damit ein Urbild des Menschenlebens.

Jeder Mensch kann sich vornehmen, etwas Sinnvolles zu tun. Es muß nicht im Beruf sein, es kann die Gestaltung des Alltags, der Umgang mit anderen Menschen und vieles andere sein. Dann kommen Zeiten, wo das Vorgenommene schwerfällt, wo man aufgeben, den leichteren Weg gehen möchte. Warum soll ich mich so plagen? Es wird auch ohne mich gehen. Die Engel werden schon helfen. Das sind die Stunden der Versuchung. Da gilt es, dem Entschluß vom Anfang treu zu bleiben, sich dem bevorstehenden Schweren auszusetzen. Wenn es mit Demütigung verbunden ist, will uns der Hochmutteufel davon abhalten. Wenn es mit großen Anforderungen verbunden ist, will uns der Angstteufel davon abhalten.

Wer sich an der Versuchung Christi orientiert, wird bewußt in das Schwere gehen, weil es zu seiner Art Menschwerdung gehört, und wird es nicht auf andere, auch nicht auf Engel abschieben. Die Engel haben ihre Art zu helfen, aber nicht so, daß sie damit dem Menschen seinen Teil abnehmen. Eine Legende erzählt: Ein Mensch schaute im Geist auf sein Leben zurück. Er sah, wie da zwei Fußspuren durch das Leben führen, und wußte, daß die eine ihm, die andere seinem Engel gehört. Dann bemerkte er, daß immer dann, wenn er durch besonders schwere Zeiten gegangen war, nur eine Fußspur zurückgeblieben war. Er fragte seinen Engel: „Warum hast du mich gerade in der schweren Zeit allein gelassen?“ Der Engel antwortete: „Mein Kind, in den schweren Zeiten, wo du nur eine Fußspur siehst, da habe ich dich getragen.“

Wie die physikalische Schwerkraft zum Erdenmenschen gehört, so auch das seelische Schwere-Erleben. Wer dem ausweichen will, verfällt dem Versucher, der uns dahin bringen will, das Schwere zu meiden und nur das Leichte zu tun. Das Leichte ist immer von Sympathie getragen. Erst wer Schweres zu tragen vermag, verwandelt

Sympathie in Liebe. Erst mit zur Liebe gewandelten Gefühlen erfüllen wir den Sinn des Erdenlebens und beginnen, das Menschsein den Versuchern abzuringen und Christus, das Wesen der Liebe, in unsere eigene Menschwerdung einzulassen.

Noch auf eine dritte Art wollten die Versucher die Menschwerdung des Gottsohnes verhindern. Nach 40 Tagen, in denen er sich von Gebeten genährt hat, von Worten Gottes, leiblich gefastet hat, erlebte er zum erstenmal Hunger. Das ist eine menschliche Erfahrung, die er kennenlernen wollte. Der Versucher sann darauf, ihm diese Erfahrung zu nehmen, und forderte ihn auf, aus Steinen Brot zu machen. Christus kannte die Erfahrung, daß ein Mensch leben kann von den Worten, die aus dem Munde Gottes hervorgehen. Er verzichtete darauf, aus Steinen, aus Materiellem, aus Gold und Geld Brot zu machen. Er brachte den Menschen das Wort Gottes in Predigten, Gleichnissen, in heilenden Taten. Seine Worte waren ihnen Seelennahrung, und dafür gaben sie ihm, was er zum Leben brauchte. Und doch waren um ihn die Jünger, die Brot kauften, und es war einer, der den Beutel trug, das Geld verwaltete und für sie alle aus Steinen Brot machte. Für dieses Geld hat er seinen Meister zum Schluß verraten.

Wenn Christus zunächst auch den Versucher besiegte, der ihn aufforderte, aus Steinen Brot zu machen, durch Judas ist dieser Versucher doch an ihn herangekommen, indem dieser ihn für Geld verriet, für das Geld, das er sonst in Brot umgesetzt hätte. Aber diesen Verrat hat Christus von Anfang an gewußt und in sein Menschsein einbezogen. Er konnte so leben, daß er sich vom Gebet ernährte, wie es die göttlichen Wesen tun. Er konnte für sich die Versuchung, Steine in Brot zu verwandeln, abweisen, aber die Menschen lebten noch von dem Brot, das sie für Geld oder Tauschware erhielten. Und solches Geld war das Mittel, ihn dem Tod auszuliefern.

Die Paradoxie, die Christus einmal mit den Worten aussprach: „Der Verrat an mir muß geschehen, aber wehe dem, durch den es geschieht“, diese Paradoxie lag schon in der Versuchung, die außer ihm nur wenige Menschen bestehen konnten. Denn das vermag auf die Dauer kein einzelner, das vermögen die Menschen nur im gemeinsamen Bemühen. Es bedarf einer Lebensform, in der das Geld einen anderen Stellenwert hat als durch alle Zeit bis heute. Die Menschen arbeiten, um Geld zu verdienen und dann für sich aus dem Geld Brot zu machen. Brot steht da für alles, was der Mensch zum Leben braucht und haben will.

Mit dieser Lebenspraxis unterliegen wir Menschen nach wie vor dem Versucher, indem wir aus Steinen Brot machen, um den eigenen Bedarf zu befriedigen, und damit auch nicht selten den Gott der Liebe verraten. Denn mit dem Arbeiten um Geld und Geldverdienen um Brot ist untrennbar Egoismus verbunden. Erst wenn Menschen bereit sind zu arbeiten, weil ihre Arbeit von anderen gebraucht wird, und die anderen sich dann verantwortlich fühlen, ihnen alles zukommen zu lassen, was sie zum Leben und Arbeiten brauchen, bekommt das Geld einen anderen Stellenwert. Es wird Symbol für das kreisende Leben unter den Menschen. Der eine gibt sein Herzblut in die Arbeit für den anderen, und der andere für ihn. Auch dann, wenn die Arbeit selbst nicht geliebt werden kann, weil sie eintönig, kraftraubend, unangenehm ist wie im Büro, in der Maschinenhalle, im Straßenbau usw., so dient man an einem solchen Arbeitsplatz doch dem Betrieb im Ganzen und ist daran beteiligt, daß Dinge entstehen, die dem Gemeinwohl gelten. So sollte man auch mit allen anderen Anteil haben an der Erhaltung, Förderung und am Gedeih des Betriebs und ebenso an der Befriedigung der täglichen Lebensbedürfnisse aller Betriebsangehörigen, vom Arbeiter bis zum Direktor.

Diese Art, nicht mehr aus Steinen, aus Geld Brot zu machen und eigene Bedürfnisse zu befriedigen, sondern für das Gemeinwohl mitzusorgen und von anderen das zu empfangen, was man zum Leben und Arbeiten braucht, das nannte Rudolf Steiner das Soziale Hauptgesetz. Man kann es ausführlich bei ihm nachlesen. Hier soll nur darauf hingewiesen werden, daß durch dieses Gesetz der Lebens- und Arbeitswille des Menschen von Grund auf anders wird. Mit ihm können auch wir die Versuchung, aus Steinen Brot zu machen, bestehen und von dem Wort leben, das unserer Arbeit Sinn gibt, und damit, auch wenn wir es uns noch gar nicht bewußt machen, das Wort erfüllen: „Liebe deinen Nächsten wie dich selbst."

Was wir selbst brauchen, wissen wir ganz gut. So mögen wir auch wissen, was der andere braucht, es ihm zukommen lassen und so damit beginnen, das menschliche Leben von dem Versucher zu befreien, der uns heute noch dazu zwingt, aus Steinen Brot zu machen. Doch jeder kann auch heute schon einen Anfang nach der anderen Richtung machen, wenn er guten Willens ist: Mit neuem Denken gegenüber den Herrlichkeiten der Welt, mit bejahendem Gefühl gegenüber dem Schweren im Schicksal, mit gutem Willen gegenüber dem Verhältnis von Mensch, Arbeit und Geld können wir beginnen, im Geiste Christi das Menschentum aus der Gewalt der Versucher zu befreien.

Was ist christlich?

Vieles, was heute christlich genannt wird, könnte man auch menschlich, menschenwürdig, moralisch nennen. Vieles, was sich christlich nennt, hat allerdings nicht einmal etwas mit Moral oder Menschenwürde zu tun. An vielen Menschen, die sich nicht Christen nennen, kann man dagegen die Züge der Menschenwürde, der tiefen Moral, des Gewissens erleben. Was ist also christlich? Wir wollen das an dem Ereignis deutlich machen, das man die Verklärung Christi nennt (Matth. 17). Da wird erzählt, wie Jesus mit dreien seiner Jünger auf den Berg steigt. Es sind die drei, die er immer zu besonderen Ereignissen in seiner Biographie aus der Zwölferschar ruft: Petrus, Jakobus und Johannes, die beiden Söhne des Zebedäus.*

Auf dem Berg verwandelt sich seine Gestalt vor ihren Augen. Der griechische Urtext sagt, daß er sich metamorphosierte. Seine Gestalt wurde hell, weiß wie Schnee, sein Angesicht strahlend wie die Sonne. Rechts und links von ihm erschienen Moses und Elias. Mit ihnen führte er ein Gespräch darüber, was ihm in Jerusalem bevorsteht – so berichtet es Lukas. Petrus ist so beeindruckt von dem Erlebnis, daß er es festhalten will. Er schlägt vor, dort oben drei Hütten zu bauen, für Jesus, Moses und Elias. In diesem Augenblick werden die drei Jünger von einer lichten Wolke überschattet, und eine Stimme ertönt aus der Wolke: „Dieser ist mein geliebter Sohn, in ihm bringe ich

* siehe Irene Johanson: „Johannes. Stufen christlicher Entwicklung“, Stuttgart 1987

meine Doxa zur Erscheinung. Höret auf ihn." Danach sehen sie nur noch Jesus allein in seiner ihnen gewohnten Gestalt vor sich stehen. Aber es ist ihnen und damit auch uns das Schlüsselwort für das, was christlich ist, anvertraut worden. Es ist das griechische Wort doxa. Die lateinische Übersetzung lautet Glorie. Luther übersetzt es ins Deutsche mit Ehre oder Herrlichkeit. Doxa ist schwer in einer anderen Sprache zu fassen. Es ist die geistige Ausstrahlung eines Wesens. Wenn wir von einem herrlichen Kunstwerk sprechen, meinen wir, daß Großes, Eigenes, Strahlendes von ihm ausgeht.

Die Herrlichkeit eines Menschen erleben wir, wenn sein geistiges Wesen sein Tun, sein Sprechen, seine Gebärden durchdringt. Mit Wesenserstrahlung übersetzt Emil Bock das Wort doxa. Das geistige Wesen, das bei uns Menschen nur selten für andere erlebbar wird, weil es uns nie ganz durchdringt, sondern mehr über uns oder in uns verborgen bleibt, das hat den Jesusleib ganz und gar durchdrungen, und die drei Jünger durften es für einen Augenblick schauen. Als das Jesuskind geboren wurde, war diese Christusdoxa noch über ihm. Die Engel kündeten von ihr: „Doxa Gottes in den Höhen und Frieden auf Erden den Menschen, die eines guten Willens sind."

Nach dem ersten Zeichen, das Jesus bei der Hochzeit zu Kana vollbrachte, wird gesagt, daß die Jünger seine Doxa um ihn herum wahrnahmen und der Glaube an ihn dadurch erwachte. Jetzt ist diese Doxa, diese göttliche Erstrahlung, die erst über ihm und um ihn war, ganz in seine Leiblichkeit eingezogen und durchstrahlt sie von innen. Die Vergeistigung des Leibes hat begonnen. Der Fürst dieser Welt, der seit dem Sündenfall in der Materie, im Leiblichen lebt, wird von der Doxa Christi ausgetrieben.

Kurze Zeit später, nachdem Christus schon in Jerusalem eingezogen war, so erzählt das 12. Kapitel des Johannes-Evangeliums, wollen ihn einige Griechen sehen. Philippus führt sie zu Christus. Und da geschieht es, daß die Menschen ein Donnern hören, andere sagen, ein Engel spräche mit ihm. Er selbst sagt: „Nun ist der Fürst dieser Welt ausgestoßen worden und hat keinen Anteil an mir.“ Keiner weiß so recht, was geschehen ist. Da ertönt wieder, wie auf dem Berg, die Stimme Gottes: „Ich habe deine Doxa geoffenbart und werde sie abermals offenbaren.“ Und Christus sagt zu den umstehenden Menschen: „Dies ist die Stunde der Entscheidung für die ganze Welt. Der Fürst dieser Welt wird ausgestoßen.“ (Joh. 12, 31)

Rudolf Steiner macht deutlich, was da geschehen ist. In diesem Augenblick ist die Verklärung Christi, die Durchdringung seines Leibes mit seiner Doxa, so stark geworden, daß die Todesmacht, der Fürst dieser Welt, der Vernichter des physischen Leibes, weichen mußte. Als dieser Leib dann am Kreuz gestorben war und ins Grab gelegt wurde, zerfiel das Materielle an ihm zu Erdenstaub, und die Gestalt, von Doxa durchdrungen, konnte vom Grabe auferstehen. Was die drei Jünger auf dem Berg schauten, war die Vorstufe des Auferstehungsleibes Christi. Da wurde zum erstenmal ein Menschenleib christlich, von der Doxa Christi durchdrungen.

Diese Durchchristung des Irdischen hat er noch vor seinem Tode weitergeführt bis in die Substanzen der Natur. Er hat seine Doxa im Abendmahl in Brot und Wein strömen lassen und konnte darum sagen: „Nehmet mit dem Brot meinen Leib, mit dem Wein mein Blut in euch auf“, denn Brot und Wein sind „christlich“ geworden, sind Träger seiner Doxa geworden. Als später sein Blut in die Erde floß und sein Leib in die Erde gelegt wurde, da ist seine Doxa in die Erde übergegangen und hat die ersterbende Erde neu mit Leben beschenkt. Das meint das christliche Bekenntnis mit dem Satz: „Christus, durch den die Menschen die Wiederbelebung des ersterbenden Erdendaseins erlangen..."

Können wir Menschen denn überhaupt in diesem Sinne christlich sein, d. h. etwas von der Doxa Christi im Irdischen zur Erscheinung bringen? Zunächst werden wir mit dem Wort christlich sicher viel bescheidener umgehen. Wir werden uns als solche fühlen, die es als Gnade empfinden, wenn es ihnen von Zeit zu Zeit möglich wird, geistgemäß mit Irdischem umzugehen und dadurch die Gegebenheiten vom Fürsten dieser Welt, der unser Leben auf Erden beherrscht, zu befreien. Dazu kann uns die Verklärungsgeschichte Christi Urbild sein. Er war dabei im Gespräch mit zwei großen Vertretern der Menschheit, mit Moses, der in seinen Büchern die Vergangenheit beschrieben hat, und mit Elias, der die Zukunft als Prophet und durch seine Taten vorbereitet hat.* Jesus spricht mit den beiden über sein bevorstehendes Leiden und Sterben, über das Zentrum seiner Mensch und Erde rettenden Tat. Es gibt auch im Menschenleben Zeiten, in denen wir uns so im Schicksalsstrom fühlen, daß wir Vergangenes als zu uns gehörig annehmen können und zum Zukünftigen Vertrauen entwickeln, weil wir einen Auftrag, eine Aufgabe, die Bewältigung einer schweren Situation vor uns sehen als etwas, das ganz tief unserer eigenen Intention

* siehe: „Das Alte Testament", nacherzählt von Irene Johanson, Stuttgart 1992

entspricht. Solche Augenblicke des Bejahens, des Vertrauens, des Mutes stellen sich ein im Gespräch.

Es kann das Gespräch mit anderen Menschen sein, das so verläuft, daß ich darin eine tiefe Einigkeit mit mir selbst erlebe, daß ich mich in den Worten anderer finde. Indem ich mit ihnen übereinstimme, stimme ich auf neue Weise mit mir selbst überein, mit allem, was zu mir gehört, mit meiner Vergangenheit und mit meinem Zukunftswillen. Es kann diese verklärende Gesprächssituation aber auch entstehen, wenn ich alleine bin. Es kann geschehen, daß ich mit mir selbst ins Gespräch komme und mich selbst wie ein Du erlebe, von dem ich mir manches sagen lasse, was ich bisher nicht sehen, nicht wissen wollte, oder wofür ich einfach nicht offen, nicht zugänglich war.

Sowohl das Gespräch mit anderen Menschen (nicht gemeint ist das Geschwätz) wie auch das Gespräch mit mir selbst hat mit Sprache, mit Wort zu tun. Wir können darin an die Grenze des Sagbaren kommen. Dann fehlen uns die Worte, dann sind wir sprachlos, dann wissen wir nicht, was oder wie wir sagen sollen, was uns bewegt und im Innern nach Sprache, nach Ausdruck ringt. In solchen Gesprächen, die uns in die Ohnmacht des Wortes führen und uns zum Schweigen bringen, stellt sich mitunter plötzlich das erlösende Wort ein. Es ist dann egal, wer es sagt, oder ob es unausgesprochen bleibt. Denn es stammt nicht vom Menschen. Es hat den Charakter von Schicksalssprache. Es ist viel mehr, viel umfassender, als ein Mensch sagen kann. Da spricht der Herr allen Schicksals selbst, da spricht das Wesen des Wortes, des Logos selbst, von dem das Johannes-Evangelium sagt: „Am Anfang war das Wort, und das Wort war bei Gott, und Gott war das Wort."

Ein solches Gespräch, ob mit anderen oder mit sich selbst, ist auch immer ein Anfang. Etwas von mir, von anderen, vom Schicksal wird klar. Die Doxa des Wortes, das von Gott stammt, verklärt den Menschen, indem er spricht. Und sein Sprechen mit anderen Menschen wirkt in dieser Zeit auch klärend auf andere. Er steht aufrecht zwischen Vergangenheit und Zukunft, ganz geistes-gegenwärtig. Aber wir wissen alle, wie selten diese Augenblicke im Leben sind und wie sie noch seltener bemerkt und bewußt gemacht werden. Es ist schon ein Höhenerlebnis, wenn wir einem Menschen begegnen, der etwas von dieser Doxa der Schicksalssprache in unser Leben hineingibt, wir an ihm erfahren dürfen, was damals die drei Jünger von ferne miterlebten. Auch sie konnten diese Erfahrung nicht festhalten.

Als sie vom Berg ins Tal hinabkamen, erlebten sie dort das Gegenbild von dem, was sie auf dem Berg geschaut hatten. Da war eine große Volksmenge um einen fallsüchtigen Knaben versammelt. Der Vater des Kindes hatte die anderen Jünger gebeten, ihn zu heilen, aber sie konnten es nicht. Nun bittet er Christus, und dieser appelliert an seinen Glauben. Der Vater tut den erschütternden Aufschrei: „Ich glaube, lieber Herr, hilf meinem Unglauben." Die Krankheit des Knaben wird so beschrieben, daß er die Kräfte des Aufrichtens, Sprechens und Denkens nicht zur Verfügung hat, weil er nicht in sich ist, sondern ihn ein Dämon vom Wasser ins Feuer wirft. Der Knabe fällt aus dem Menschsein heraus. Als Christus dem Dämon befiehlt, den Knaben zu verlassen, schüttelt dieser ihn noch einmal furchtbar in einem Anfall, daß es scheint, er sei tot. Dann verläßt er den Knaben. Christus reicht diesem die Hand, richtet ihn auf und gibt ihm dem Vater zurück.

In dem Knaben haben wir das Bild des aus sich herausgefallenen Menschen, der wir auch immer wieder sind. Gerade das Werdende, das Keimhafte, der Knabe in uns wird immer wieder verdrängt, und ein Wesen setzt sich an dessen Stelle, das unser Menschwerden, Christwerden verhindern will. Es will nicht, daß der Mensch von der Doxa Christi durchdrungen werde. Diese Verhinderung tritt dem Werdenden im einzelnen Menschen entgegen, auch der Kindheit im ganzen und auch der heutigen Menschheit.

Die Kinderwelt wird heute vielfach in eine Welt kleiner Erwachsener umfunktioniert. Viele Kinder können nicht mehr spielen. Statt dessen sitzen sie vor dem Bildschirm oder vor Computergeräten. In der Gefühlssphäre stumpfen sie ab. In einem Bericht konnte man lesen, daß ein Kind mit durchschnittlichem Fernsehkonsum in einem Jahrsiebt etwa 25 000 Morde sieht. Im intellektuellen und sexuellen Bereich werden sie sehr früh geweckt. Die eigene Initiativkraft wird durch das alles merklich geschwächt. Man kann sagen, daß die heutige Kinderwelt oftmals an Epilepsie leidet. Aber das ist letztlich ein Teil der Krankheit, an der die Menschheit als ganze leidet; Fallsucht, immer wieder neue Abfälle vom wahren Menschentum.

Christus konnte den Knaben heilen, weil der Vater die Glaubenskraft in sich wachgerufen hat. Auch heute kann er nur heilen, wenn die Menschen in sich den Glauben an den Sinn des Menschseins und des Erdenlebens wachrufen. Das ist aber zugleich der Glaube an Christus, denn er hat den Menschen wieder hergestellt und will diese Herstellung, diese Heilung durch jeden weiterführen, der sich mit ihm verbindet. Und durch solche Menschen will er auch der Erde ihren Sinn geben. An Christus glauben heißt, ihn in jedem Menschen zu sehen, wie er leidet, wie er mißhandelt wird in dem einen, wie er in anderen wirken kann oder verhindert wird, wie er denkt, liebt, schweigt oder spricht.

An Christus glauben heißt auch, mit den Erdendingen so umzugehen, daß er sich damit verbinden kann, so wie er sich in heiligen Handlungen mit Brot und Wein verbindet. Wo solcher Glaube geübt wird, nicht blind, sondern gerade sehend, da kann ein Stück Kindheit, etwas Menschlichkeit wieder zu sich kommen und von der Herrschaft der Dämonen befreit werden. Die Doxa des Menschensohnes, die die drei Jünger auf dem Berge schauten, wird in der heutigen Menschenwelt wirksam und die Karikatur der Fallsucht geheilt werden. Wir Menschen können auch selbst etwas zur Heilung des entstellten Menschenwesens beitragen, sofern wir seine Jünger geworden sind. Das wird auch in dieser Doppelgeschichte des Evangeliums erzählt: auf dem Berg die Verklärung, im Tal die Heilung des Fallsüchtigen durch Christus. Anschließend fragen ihn die Jünger: Warum konnten wir ihn nicht heilen? Und sie bekommen die Antwort: „Diese Art kann nur durch Beten und Fasten geheilt werden."

Wir können das in unser heutiges Leben übertragen. Beten heißt, etwas freiwillig hinzufügen, was von Natur aus nicht sein muß. Die Menschen leben ja vielfach ohne Geist oder Gott, ohne Besinnung, ohne wirkliches Zu-sich-Kommen. Sie leben ihrer leiblichen Existenz, ihren seelischen Genüssen, und es geht alles auch ohne geistige Betätigung. Diese fügt der Mensch freiwillig hinzu. Keiner kann heute jemanden zwingen zu beten, zu denken, zu meditieren, innere Bewegungen zu vollziehen, um einem anderen nahe und hilfreich zu sein durch Liebe und Fürbitte.

Alles, was wir tun, ohne es zu müssen oder es existentiell notwendig ist, trägt dazu bei, das Gleichgewicht im Leben der Menschheit wiederherzustellen. Das andere muß noch dazukommen: Fasten. Das heißt, zu verzichten auf alles, was zuviel ist: die vielen Sinneseindrücke, die wir nicht verarbeiten, die vielen Worte und Gedanken, die wir übernehmen, ohne sie zu verdauen, ohne sie uns wirklich zu eigen zu machen, die vielen Beziehungen, die wir auflösen, bevor sie noch wirklich gelebt worden sind. In allen Bereichen des Lebens gibt es das Zuviel, wo es doch darum geht zu fasten, um das Gleichgewicht herzustellen.

Beten: Hinzufügen dessen, um was es zu wenig ist, was nicht sein muß und doch heilend wirkt. Fasten: Verzichten auf das, was zuviel ist, was wir nicht verdauen können, im Magen liegt, uns faul und träge macht. Auf diese Weise zu fasten und zu beten, das kann unser Anteil sein, die Menschheit aus der Epilepsie zu befreien. Die fallsüchtige Menschheit muß berührt werden von dem, der alles Leibliche durchgeistet. Bei dem einzelnen muß die Heilung beginnen, so daß er aufrichtig sein, die Welt in sich zum Sprechen bringen und mit seinem Denken die Erscheinungen durchdringen kann. Goethe hat über Schiller gesagt: „Es war ihm diese Christustendenz eigen: Er berührte nichts Gemeines, ohne es zu veredeln." Damit hat er gesagt, was christlich ist. Das Gemeine zu veredeln, indem man es wieder mit seinem Ursprung, mit seiner göttlichen Idee verbindet. Das gilt für den Menschen selbst, das gilt für alles, womit er umgeht. Nur so nähert er sich dem Urbild auf dem Berg der Verklärung und lernt allmählich, christlich zu werden, die Materie mit Geist zu durchdringen.

Das Wort des Lebens

Ein bekannter Vers von Eichendorff lautet:

> Schläft ein Lied in allen Dingen,
> die da träumen fort und fort,
> und die Welt hebt an zu singen,
> sprichst Du nur das Zauberwort.

Der Dichter nennt dieses Zauberwort nicht. Im Griechischen gibt es ein Wort, das, wenn es verwirklicht wird, die Wesen der Welt zum Klingen, ja sogar zum Zusammenklingen bringt, zur Sym-phonia. Dieses Wort heißt χάρις, charis. Es läßt sich nicht mit einem deutschen Wort übersetzen. Es klingen darin zugleich Anmut, Dank, Gnade, Hingabe an. Es ist ein göttliches Wort, charis, denn das Johannes-Evangelium spricht am Ende des Prologs davon: „Wir haben seine Doxa geschaut, seine Wesenserstrahlung, erfüllt von charis und aleiteia, von Hingabe, Gnade, Dank, Anmut in einem und von Wahrheit."

Mit dem Wort charis wird das Christuswesen beschrieben. Es ist Hingabe, Gnade, Anmut und Dank. Man kann es kaum treffender sagen. Und in einer weltgeschichtlichen Stunde haben die Jünger dieses Wesen in seiner Reinheit und Ungetrübtheit erfahren. Das war, als sie sich mit ihm zum letzten Passahmahl versammelten. Bevor das Mahl begann, hat er sich in all seiner Charis niedergebeugt und ihnen die Füße gewaschen, allen, auch dem Verräter. Welch eine Gebärde seines Wesens liegt darin! Ganz sicher geschah es mit Anmut. Anmut liegt vor, wenn die

Seele mit der körperlichen Haltung und Gestalt übereinstimmt. Sein Niederbeugen war keine Pose, sondern ganz und gar erfüllt. So wie wir Menschen den Naturreichen unter uns, Stein, Pflanze, Tier, danken, für unsere ganze irdische Existenz, so wie wir unseren Widersachern für einen Teil unseres Schicksals danken, so dankte Christus den Jüngern, daß sie ihn als ihren Meister aufgenommen und ihm seinen Auftrag zu erfüllen geholfen haben.

Er wusch ihnen die Füße, die den Weg gehen, den er ihnen vorangehen wollte, und sagte zu Petrus, der das erst nicht zulassen mochte: „Sonst hast Du keinen Teil an mir." Er gibt sich ihnen, ihrem zukünftigen Weg schon in diesem dienenden Akt hin. Seine Verbundenheit mit ihnen ist nicht ihr Verdienst, sondern reine Gnade. Als er wieder in ihrer Runde am Tisch sitzt, erklärt er ihnen, daß er damit ein Beispiel gegeben hat. Auch sie sollen einander immer wieder so begegnen, daß sie nicht herrschen wollen, sondern dienen. Das Herrsein, die Herrlichkeit, die Doxa des Christen äußert sich im Dienen, in der Gebärde der Fußwaschung.

Wieviel versteckte oder deutlich dargelebte Macht besteht nicht in unseren menschlichen Verhältnissen! Zwischen Ehepartnern, Kindern und Eltern, Betriebsangehörigen, Lehrern und Schülern, Arzt und Patient, Kirche und Gläubigen, zwischen Völkern und Staaten und überall, wo Menschen miteinander zu tun haben. Und wie sehr strahlt etwas Heilendes in die menschlichen Zusammenhänge, wenn ein Mensch durch Dienen, bildlich gesagt durch Fußwaschung, seine Meisterschaft, seine Herrlichkeit zur Wirkung bringt. Das sind dann die Ehepaare, die noch nach Jahrzehnten einander zu danken vermögen, auch für das, was schwer zu ertragen war, aber stark gemacht hat, oder so schwach gemacht hat, daß Gnade walten konnte, weil sonst die Ehe zerbrochen wäre. Das sind die Ärzte, die Lehrer, die Krankenpfleger, die sich ihren Schutzbefohlenen hingeben, ohne auf Ehre, Geld, Beförderung zu achten. Das sind die Machthaber, die auf Machtausübung verzichten. Das sind die Stillen im Lande, die immer da sind, wenn einer sie braucht. Oft werden sie erst erkannt, wenn sie gestorben sind, denn sie tun ihre Dienste so selbstverständlich im Einklang mit sich selbst und in Einfühlung mit dem Selbst des anderen.

Und manche vermögen es sogar, ihren Verräter, Menschen, die ihnen Unrecht tun, in die Fußwaschung einzubeziehen, wie es ihnen Christus vorgelebt hat. Auch er wurde von großer Erschütterung ergriffen, als er Judas anblickte, der doch zu den Zwölfen, zu seinen Nächsten gehörte und mit dem Verrat Christi selbstgewähltes Schicksal ermöglichen mußte. Mit solch erschütternder Paradoxie müssen auch wir leben lernen. Wir brauchen unsere Verräter, wir brauchen unsere und der anderen Abirrungen, um das selbst gewollte Schicksal erfüllen zu können.

Ein Mensch wurde zu Unrecht aus einer sozialen Gemeinschaft, in die er beruflich eingebunden war, ausgestoßen. Erst kämpfte er noch dagegen an, bis er bemerkte, daß dieses Ereignis ihm von hoher Warte, eigentlich von ihm selbst, zukam. Nach Jahrzehnten kam er in die Gemeinschaft zurück als ein geistig Verstehender, der nun auch andere Probleme von höherer Warte sehen konnte. Wir können vom Unrecht erschüttert sein und es zugleich annehmen als Herausforderung für das Gerechte. Jeder kann dem anderen zum Verräter werden, so wie damals jeder Jünger betroffen war und für möglich hielt, daß Christus ihn gemeint habe.

Die Fußwaschung war damals die Vorbereitung der Jünger für das Abendmahl. Da wurde charis das Wort des Lebens. Denn was da geschah, war erfüllt von seinem Dank gegenüber dem göttlichen Vater, war erfüllt von der Hingabe seines Wesens an die Substanzen von Brot und Wein, war das Gnadenreiche seines Wesens, das er den Jüngern schenkte, und es geschah in der Anmut, in der ein Mensch erscheint, wenn Geben und Nehmen, Geist und Materie, Ruhe und Bewegung, Schmerz und Freude, Lieben und Geliebt-Werden im Ausgleich, in Harmonie sind. Charis, das war in der Stunde des Abendmahls der Ausdruck seines Wesens in der Tat des Spendens von Brot und Wein, in den Worten, die diese Tat begleiteten.

Das heilige Mahl ist zur Quelle des Lebens in der Gegenwart des Christus geworden. Durch Jahrtausende wird es gefeiert. Man hat ihm den Namen Eu-charis-tie gegeben. Eu ist die Vorsilbe für schön. In diesem Mahl kann die geistige Schönheit der Charis erlebt werden, wie sie durch Christus ins Menschenleben einzieht. Mit dem, was er damals tat und sprach, ist „das Göttliche wieder gegeben den Menschen“, wie es in der Messe, der Weihehandlung in der Christengemeinschaft gesagt wird. Die Feier der Eucharistie ruft auch heute immer wieder aufs neue die Charis des Christuswesens in unser Menschenleben herein. Sie ist das Urbild, das Ausgangsereignis für alles, dessen Wesen durch Charis hervorgerufen wird.

Wo immer wir gegenüber einem anderen Hingabe, Dank, Anmut und Gnade walten lassen, wird uns eine Wesensbegegnung zuteil, die zu einer Einigung, einer Kommunion führen kann. Wir können das erleben, wenn wir uns im Sinne der Charis mit der Natur verbinden. Einem Baum, einer Wiese, einem Kornfeld, einem Gewässer, einer Distel uns wirklich betrachtend, einfühlend, mit Dank, Anmut und Gnadenstimmung hinzugeben, das kann uns ahnen lassen, wie die Natur nach diesem Christushaften im Menschen verlangt, wie sie das Wesen braucht, in dem sie gedacht, erkannt und geliebt werden kann. Das hat Paulus erlebt, wenn er sagte, alle Kreatur seufze danach, daß die Söhne Gottes in der Menschheit zu leuchten beginnen (Römerbrief 8, 19).

Auch mit Schöpfungen der Kunst kann es durch Charis zu solchen Wesensbegegnungen kommen. Und wenn wir die Einigung mit einem Menschen suchen oder einer Menschengemeinschaft, ist Charis das Zauberwort, das uns die Herzen öffnet. Hingabe ohne Erwartung auf Gegenleistung, Dank, daß ich dem anderen begegnen konnte, Gnade walten lassen, von ihm zu mir, von mir zu ihm, Anmut in der Ausgewogenheit von Geben und Nehmen, da strömt das Wesen der Charis, Christushaftes zwischen den Menschen, da erleben wir Kommunion. Es sind die Situationen, in denen die Liebe zu einem so überströmend wird, daß sie andere und anderes ergreift und einbezieht.

Das Leben selbst kann zur Eucharistie werden, wenn durch Hingabe Wandlung möglich und erlebt wird, wie sich Menschen eins fühlen, weil Charis und Wahrheit in ihrer Gemeinschaft wirken, die Doxa Christi, „erfüllt von charis und aleiteia", „von Hingabe, von Gnade, Dank, Anmut und Wahrheit". Charis ist das Zauberwort, durch das, wenn es gelebt wird, alles in der Welt das Wesen des Christus zum Klingen bringt. Es ist das Wort, mit dem „das Göttliche wieder gegeben ist den Menschen" und das vom Abendmahl am Gründonnerstag seinen Ausgang nahm, um durch Jahrtausende Kommunion zwischen den Menschen und ihm zu bewirken.

Wir heutigen Menschen glauben uns oft weit davon entfernt oder glauben gar nicht, daß es Charis gibt. Nur wer aufmerksam wird für ihre vier Qualitäten, wird sie erleben, manchmal in einem einzigen Wort, einem Blick, einem Schweigen oder in einem kleinen, unscheinbaren Verzicht. Wer sich übt, Charis zu bemerken, dem wird sie auch in hohen Stunden zuteil. Wer sich übt, das Zauberwort zu sprechen, durch das sich ihm andere Wesen auftun, der wird auch selbst vom Zauberwort getroffen, durch das er sich für den öffnet, der bei ihm eintreten will, um ihn immer neu liebefähig zu machen. Daß die Liebe auf Erden unter den Menschen nicht verlorengehe, darum ist Christus Mensch geworden und hat seine Charis mit dem heiligen Mahl verbunden und den Jüngern gesagt, daß sie es pflegen sollen, damit die Quelle seines Lebens in die Menschheit strömt und nie versiegt.

Menschliche Verlassenheit

In jeder Biographie gibt es Zeiten, in denen der Mensch sich lebensmüde fühlt. Oft ist große körperliche Erschöpfung der äußere Grund dafür. Oder er mußte erleben, daß vieles, was er sich vorgenommen hatte, nicht durchführbar war. Enttäuschung über sich selbst und über andere führt ihn in innere Zweifel. War er überhaupt auf dem richtigen Weg? Hat er sich nicht zu viel vorgenommen? Wie soll es nun weitergehen? Er möchte die richtige Entscheidung treffen und weiß nicht wie. Er versucht, mit anderen darüber zu sprechen, aber die verstehen ihn nicht. Entweder geben sie ihm billigen Trost, es sei doch alles nicht so schlimm, oder sie machen sich Sorgen um ihn, verstehen ihn nicht und sind selbst hilflos.

So fühlt sich der Mensch auch von den Nächsten und Liebsten allein gelassen. Bei manchen ist das Gefühl der Verlassenheit so stark, daß ihnen der Gedanke kommt, sich das Leben zu nehmen. Andere fühlen, daß die Seele dem Tode nahe ist. Die Seele ist sterbenskrank, mag sich nicht mehr regen, weder denken noch sprechen und handeln, und niemand ist da, der das wirklich mitfühlen, der das durch Fürbitte begleiten kann. Der derart verlassene Mensch erlebt es eher so, daß die anderen gar nicht mitbekommen, was er durchmacht, daß sie für seine Not Schlafende sind. Sogar wenn er sie um Hilfe bittet, vermögen sie nicht ihm beizustehen, weil sie gar nicht begreifen, was ihm widerfährt.

Für solche Zeiten in unserer Biographie finden wir im Evangelium das Urbild in dem Kampf, den Jesus in

Gethsemane führte, nachdem er das Abendmahl mit seinen Jüngern gehalten hatte. Unmittelbar nach dieser Stunde der großen Liebe, in der er sein Wesen, seine Charis an die Menschheit verströmt hatte, verließen ihn alle, auch die drei, denen er zugetraut hatte, ihm in der Not nahe zu bleiben. Er bat sie, ob sie nicht eine Stunde mit ihm wachen könnten, aber sie schliefen. Sie flohen angesichts ihrer eigenen Trauer, ihrem eigenen Schmerz in den Schlaf. Das oft zitierte Wort sagte ihnen Christus in dieser Situation: „Der Geist ist willig, aber das Fleisch ist schwach."

Von allen Menschen verlassen, wandte sich Christus im Gebet an seinen göttlichen Vater. Er wußte, daß er jetzt noch nicht sterben dürfe, obwohl ihm Todesschweiß ausbrach. Lukas spricht sogar von Agonie, vom Todeskampf. Wie gut wäre es, jetzt sterben zu dürfen, bevor noch die schrecklichsten Leiden beginnen, die ihn in den Verbrechertod am Kreuz führen sollten. Ach, könnte doch dieser Kelch der schrecklichen Passion an ihm vorübergehen. Er fühlte keine Kraft, das durchzustehen. Seine Lebenskraft war aufgezehrt. Er konnte nicht mehr. Er rang um seinen eigenen freien Entschluß, den Tod zu sterben, der ihn in die tiefste Tiefe des Menschseins führte. Könnte seine Tat nicht vielleicht auch anders vollendet werden? Und er bat den Vater: „Aber nicht mein, sondern Dein Wille geschehe." Er wußte, daß es auch in ihm einen menschlichen Willen gibt, der von Leib und Seele des Menschen bestimmt wird, und daß es in ihm einen göttlichen Willen gibt, in dem er mit dem Vater eins ist. Und um die Erfüllung seines eigenen, göttlichen Willens bat er in der Stunde, in der ihn der menschliche Wille zu überwältigen drohte. Da schickte ihm der Vater den Engel, der ihn stärkte, seinem eigenen Willen treu zu bleiben, durchzuhalten bis zum Kreuz.

Wenn wir Menschen in die Not kommen, von unseren eigenen Kräften, von unseren höheren Zielen, von den liebsten Menschen verlassen zu sein, so ist das eine Zeit, in der wir aus uns selbst um die Verbindung mit dem göttlichen Willen ringen sollten. Es ist dies eigentlich eine Stunde der Freiheit, denn von allein geht nichts mehr, auch zwingt uns niemand und nichts zu beten. Nur aus Freiheit können wir diese Frage, diese Hinwendung zu dem vollziehen, woraus wir die Bejahung des einmal gewählten Schicksals wiedererlangen. Sobald wir eine klare Entscheidung für den Willen des Vaters getroffen haben, erfahren wir eine nie geahnte Stärkung. Jede Entscheidung aus dem eigenen freien Wesen macht stark. So stark, daß es auch unsere Verräter merken und alle, die uns das schwere, aber selbst gewollte Schicksal bereiten.

Als Judas die Kriegsknechte anführte, ihn mit einem Kuß verriet und der Gefangenschaft auslieferte, da ging eine solche Kraft von Christus aus, daß sie vor ihm umfielen und erst wieder zu sich kommen mußten. Auf ihre Frage, ob er Jesus sei, antwortete er: „Ich bin, ego eimi." Dieses sein Ich-bin war der Ursprung seiner Freiheit, seiner Schicksalsbejahung und seiner Menschenliebe. Es war die Quelle seiner Kraft, die letztlich stärker war als alle Feinde, ja als der Tod. Der Mensch allein vermag das nicht, was Christus in Gethsemane vermochte. Aber wenn er in seiner Schwäche ringt, um die Identität mit seinem Schicksal betet, die Ohnmacht aushält, wird ihm eine Kraft zuteil, die nicht von ihm stammt und ihn doch mit sich und seinen Entschlüssen vom Anfang verbindet. Vor dieser Kraft der Bejahung stürzen die zu Boden, die zugleich die Handlanger seines selbst gewollten Schicksals sind.

Wer immer sich nach dem Tod gesehnt hat oder auch nach der Ruhe der Seele, nach der Befreiung von Kampf und Leid und dann die Kraft der Bejahung empfangen hat und die Kraft, zu unterscheiden, der weiß, daß auch heute noch im Leben des Menschen und der Menschheit Christus immer wieder durch die Erfahrungen und Seelenkämpfe von Gethsemane geht. Wenn der Mensch durch die Bejahungskraft des Christus in sich diesen Kampf bestanden hat, hört die menschliche Verlassenheit nicht auf. Sie wird größer, und auch das Leiden wird größer. Wie kann er sich die Kraft erhalten, die er einmal so rettend erleben durfte? Es ist die Gewißheit des Aufgangs in allem Untergang. Christus hat diese Gewißheit in das Bild des Samenkorns gekleidet und gesagt: „Wenn das Weizenkorn nicht in die Erde gelegt wird und stirbt, kann es keine Frucht bringen. Wenn es aber stirbt, bringt es vielfältige Frucht."

Dies ist ein Gesetz der Natur und ein Gleichnis für ein Gesetz des Seelenlebens. Wie damals, so kommt Christus auch heute in eine untergehende Welt und ist selbst der Aufgang in ihr. Er wurde damals zum Verhör vor die Hohenpriester geführt, die schon fest entschlossen waren zu seinem Untergang. Sie bemerkten nicht, daß er sie längst als Werkzeug seines von ihm gewollten Schicksals anerkannt hatte, ja daß er sie brauchte, daß sie ihm dienten, dieses zu erfüllen. Er war in diesem ganz anderen Sinne der König der Juden, die seinen Untergang herbeiführten und damit seinem Aufgang dienten. Seitdem kann auch ein Mensch mit der Gewißheit, daß alle Untergänge seinem Schicksal dienen können, tragen, was ihm zuge-mutet wird, wenn er das Wesen des Aufgangs, des Vertrauens, des Bejahens in die Verlassenheit seines Lebens aufnimmt.

In das Verhör, das Pilatus mit Christus führte, leuchtete schon etwas vom Aufgang hinein. Zwei Sätze, die er sprach, sind als Keimlings-Sätze in die Menschheitsgeschichte eingegangen: „Was ist Wahrheit?" und „Sehet, der Mensch." Wir Menschen können versuchen, in jeder Lage, in der wir unschuldig angeklagt werden, nicht nur vor Gericht, sondern immer wieder im Alltags- und Berufsleben, die Worte des Pilatus als Aufgangskeime im Untergang in der Seele zu bewegen. Christus ist der Mensch, der mit seinem Leben, Leiden und Sterben die Wahrbilder, die Urbilder für das Menschsein gestiftet hat. So auch, als er sich von den Angestifteten, Niederen, Gemeinen anspeien, schlagen, geißeln, verhöhnen ließ, ohne auch nur einen Augenblick die innere Würde zu verlieren.

Was ein Spottbild sein sollte, ein König in Purpur, aber mit einer Krone aus stechenden Dornen, das ist für uns Menschen zum Ideal geworden. Das christliche Königtum hat nicht mit Macht, Reichtum, mit persönlichem Hochstehen zu tun; das christliche Königtum ist so stark, daß es in Schmerz und Schmach, in Fessel und Niedrigkeit nicht verlorengeht, sondern eine Freiheit darlebt, die den Schwachen verzeiht und die Starken anstoßen läßt, so daß sie, wie Pilatus, Fragen stellen, in Zweifel geraten und zuletzt dem Schicksal des ihnen Ausgelieferten dienen müssen, weil er der Mensch, der neue König ist.

Nicht nur in äußerer Gefangenschaft und Folter ist es geschehen, daß die Peiniger an dem souveränen Verhalten ihrer Opfer für Augenblicke oder für immer erwachten. Auch die Gefangenschaften und Folterqualen, die sich die Menschen seelisch im Zusammenleben antun, können manchmal zum Erwachen führen, wenn der Gequälte die Kraft des Verzeihens, des Erbarmens hat, oder der andere plötzlich an ihm erlebt: Das ist ein Mensch. Es folgten dem Christus auf seinem Weg nach Golgatha nicht nur die Spötter und Peiniger, sondern auch die Frauen, die um ihn klagten. Er wandte sich ihnen zu und schenkte ihnen sein Mitleid, denn er wußte, daß das, was sie beklagen, in Zukunft nicht mehr zu beklagen, nicht mehr zu bedauern sein würde, aber daß es in ihrer Zukunft durch alle Generationen unendlich viel zu beklagen, zu bereuen, zu ertragen geben würde. Eine Güte und ein Mitgefühl schwingt in seinen Worten, die auch das Leiden der Menschheit durch alle Generationen begleiten werden.

Noch ein ergreifendes Bild zeigt uns der Leidensweg Christi. Er brach unter dem Kreuz zusammen, und ein Mann, der gerade vom Feld kam, trug es ihm. Auch das ist ein Bild für uns Menschen. Wenn wir unseren Seelenblick schulen, werden wir immer mehr erleben, wie Christus in der Menschenwelt leidet. Er trägt ihr Kreuz, das Kreuz des Schicksals aller Menschen, aller einzelnen, aller Völker, der Menschheit im ganzen. Denn er ist der Mensch in allen und allem. Aber wir dürfen ihm helfen.

Wenn wir über unser persönliches Schicksal hinaus anderen helfen, ihr Schicksal zu tragen, dann tragen wir für eine Weile das Kreuz des Christus heute. Es ist sicher noch viel schwerer, gewichtiger als damals das Kreuz von Golgatha. Aber auch heute dürfen wir ihm den Dienst erweisen, tragen zu helfen. Wie oft trägt er unser Kreuz, ob wir es merken oder nicht. Ist es nicht ein Zeichen großer Verbundenheit und großen Vertrauens, wenn wir ihm helfen, das Kreuz anderer zu tragen? Daß nicht nur wir ihn, sondern er auch uns braucht, das hebt jede menschliche Verlassenheit auf und gibt uns Anteil am Aufgang im Untergang, am Werden und Verwirklichen des Menschseins im Sinne des Christus.

Verwandlung des Todes

In der Nähe des Todes können die Menschen ganz besondere Erfahrungen machen, sowohl der Sterbende selbst wie auch die ihm Nahestehenden. Aber diese Möglichkeit wird heute oft dadurch verhindert, daß die Menschen der Realität des Todes ausweichen. Wie tragisch ist es, wenn der Sterbende die Angehörigen und die Angehörigen den Sterbenden schonen wollen, einander nicht sagen, daß der Tod nahe ist, und doch beide Seiten es längst ahnen oder wissen.

Auch vorher schon meiden heutzutage viele Menschen die Tatsache des Todes. In den meisten Altersheimen werden die Verstorbenen abends spät geholt, damit die alten Menschen von der Tatsache des Todes nicht beunruhigt werden. Man tut alles, um möglichst lange jung auszusehen, um mit den Jungen konkurrieren zu können und fit zu bleiben. Man versucht schon, das Alter zu leugnen, und erst recht das Sterben. Das alles ist eine Folge davon, daß man den Tod für etwas Endgültiges hält, das man so lange wie möglich hinausschieben will.

Die andere Folge dieser Auffassung ist, daß man den Tod herbeiführen kann, wenn das Leben ausweglos erscheint. Dann hat endlich die scheinbar hoffnungslose Situation ein Ende. Je mehr sich aber die Menschen heute wieder öffnen dafür, daß das Leben im Leibe nicht nur eine biologische Tatsache ist, die man chemisch und physikalisch erklären kann, sondern der Mensch eine geistige Individualität ist, die in ihrem Leib und in ihrem Erdenleben Entwicklungen durchmacht, desto mehr ändert sich auch das Verhältnis zum Tod. Menschenwürdig zu sterben kann wieder ein Ideal werden. Das Sterben Christi am Kreuz ist ein Urbild dafür.

Im Sterben fühlt sich der Mensch unausweichlich an das Kreuz seines Schicksals geheftet. Der kranke Leib verhindert, daß er wie sonst sein Leben selbst in die Hand nimmt. Er ist auf die Umgebung angewiesen, an seine körperliche Schwäche oder Krankheit gebunden. Er leidet Schmerzen, Durst, Schlaflosigkeit und kann sich dem allein nicht entziehen. Er ist an sein Kreuz genagelt. Solange er noch bei Bewußtsein ist, können ihm die Worte Christi, die er vom Kreuz herab sprach, eine Hilfe und Orientierung sein. Das erste Wort war: „Vater, vergib ihnen, denn sie wissen nicht, was sie tun." Jeder hat im Leben solche, die ihm Unrecht tun. Dieses angetane Unrecht kann den Menschen bis in die Todesstunde verfolgen und belasten.

Mancher hat schon den geheimen Schwur getan: Das werde ich ihm nie vergessen. Er braucht ihn nicht zu vergessen, aber er kann sich sagen, alles, auch das Unrecht, das mir angetan wurde, hat etwas mit mir zu tun. Der andere weiß davon nichts. Er hat seine Motive gehabt. An mir ist es, das Unrecht in mein Schicksal einzuordnen, wie es Christus mit dem Unrecht getan hat, das in seiner Verurteilung als Verbrecher lag. Seine Feinde wußten nicht, was sie taten, daß sie die Vollstrecker seines selbst gewählten Schicksals waren. Sie glaubten sich auch im Recht, glaubten, es ihrem Gesetz und damit ihrem Gott schuldig zu sein, einen Gotteslästerer wie einen Verbrecher zu behandeln.

Schauen wir einerseits auf die Blindheit oder Verblendung derer, die uns Unrecht getan haben, andererseits auf unser Schicksal, für das dieses Unrecht eine Aufgabe geworden ist, dann können auch wir beten: „Vater, vergib ihnen, denn sie wissen nicht, was sie tun", wie ein Jude gebetet hat, dessen Angehörige im KZ umgebracht worden waren: Herr, ich weiß, daß meine Lieben in die Welt Deiner Gnade eingetreten sind und daß es ihnen dort gut geht. Aber habe Erbarmen mit denen, die diese furchtbaren Taten in ihrer Verblendung vollzogen haben. Die Folgen davon in ihrem Schicksal nach dem Tod sind schrecklich. Ich bete für sie, daß sie es durchstehen.*

Eine wunderbare Befreiung tritt ein, wenn ein Mensch auf dem Sterbelager verzeihen kann. Er darf die Wahrheit der Vaterunserbitte erleben: „Vergib uns unsere Schulden, wie wir vergeben unseren Schuldigern." Denn er selbst ist ja auch schuldig geworden an anderen. Auch er wußte oft nicht, was er tat. Und er kann gerade in der Nähe des Todes zutiefst erschrecken über das Unrecht, das er anderen zugefügt hat durch Worte, Taten, Gedanken, Gefühle und durch alles, was er versäumt, was er ihnen nicht getan und gesagt hat. Es geht uns wie den Verbrechern, die rechts und links des Christus gekreuzigt wurden. Entweder wir ignorieren unsere eigene Schuld und verhöhnen alles, was uns daran erinnern will, oder wir bekennen uns dazu, fühlen die Schwere der Last, die wir alleine gar nicht tragen können, und bitten den „Sündenheiler", uns in sein Schicksal aufzunehmen, unser zu gedenken, wenn er in die nachtodliche Welt eintritt.

Nur in der Hinwendung zu ihm können wir selbst verzeihen und kann uns vergeben werden in dem Sinne, das

* frei zitiert nach dem Vorwort zu: „Die Stimme des Menschen, Abschiedsbriefe zum Tode Verurteilter"

Vertrauen zu erhalten, mit den Folgen unserer Taten so leben zu können, daß wir daran innerlich wachsen. Denn vergeben heißt nicht wegnehmen, sondern geben, die Kraft und die Situation geben, in der wir an der Verwandlung des gewordenen Schicksals arbeiten können. Das heißt: Mit Christus im Paradiese sein.

So fügt sich das zweite Wort, das Christus am Kreuz sprach, zum ersten. Durch ihn können wir unseren Schuldigern vergeben. Durch ihn bekommen wir Kraft und Vertrauen, die Folgen des von uns begangenen Unrechts nach dem Tod zu verwandeln, in diesem Sinne Vergebung zu erlangen und darin ein Glück des Ausgleichs, der Harmonie, der Stimmigkeit zu erleben, die etwas vom Paradies hat. Das dritte Wort des Gekreuzigten richtet sich an die beiden Menschen, die ihm geistig am nächsten stehen und ihm jetzt auch räumlich am nächsten sind. Sie stehen unter dem Kreuz, „die Mutter Jesu“ und „der Jünger, den der Herr lieb hat“. Er sagt zur Mutter: „Frau, siehe, dein Sohn“ und zu dem Jünger: „Siehe, deine Mutter.“ Und es heißt: „Von Stund’ an nahm der Jünger sie zu sich.“

Es entsteht ein ganz neues Verhältnis zwischen den beiden. Es ist weder leibliche Verwandtschaft noch Ehe. Die Mutter ist diejenige, von der immer wieder gesagt wird, daß sie seine Worte in ihrem Herzen bewahrte und bewegte. Sie geht mit den Offenbarungen Christi so um, daß sie sie im Innern bewegt, daß sie ihnen von innen her Kraft gibt und sie so im Leben wirksam werden als eine verborgene Quelle, aus der geschöpft werden kann. So hatte Christus auch zu der Frau, zu der Samariterin am Brunnen, von der verborgenen Quelle gesprochen, deren Wasser in das ewige Leben strömt (Joh. 4).

Das weibliche Wesen im Menschen pflegt die Offenbarung im Innern. Der Jünger wird sie in seinen Evangelien und in der Offenbarung, der Apokalypse, verkünden. Ein geistiges Mutter-Sohn-Verhältnis wird da vom Kreuz herab gegründet, eine zukünftige Art des Menschseins, in der die Seele im Innern bewahrt und bewegt und der Geist nach außen hin kundtut, was der Mensch durch den erfährt, für den der Tod ein Durchgang ist, der den Tod verwandelt hat.

Jeder, der sich den Tod Christi zum Urbild erhebt, kann den ihm Nahestehenden ein geistiges Vermächtnis übergeben. Wie viele Menschen sind schon durch den Tod eines Lieben für die Wirklichkeit des Geistes aufgewacht. Sie haben Erlebnisse, für die sie vorher verschlossen waren. Der Tod öffnet den Menschen. Oft ist er erstaunt, wie er sich nach dem ersten Schmerz in einer inneren Helligkeit fühlt, sich dem Verstorbenen näher fühlt als je zuvor. Er wird sensibel für geistige Erfahrungen. Oft sieht er sein eigenes Leben mit ganz anderen Augen.

Aber sehr schnell können diese zarten Wandlungen im inneren und äußeren Leben wieder abhanden kommen, wenn darin nicht die Aufforderung zugelassen wird, durch die Christus über die Nähe des Verstorbenen sagen will: Bewege, was du jetzt erlebst, in deinem Herzen. Nimm es zum Anlaß, das in dein Leben hineinzunehmen, was die Mutter Jesu uns dargelebt hat, Wahrheitsworte im Innern zu pflegen, und füge hinzu, dein äußeres Leben danach einzurichten, daß es allmählich zu einer Offenbarung dessen werden kann, was du im Innern bewegst. Beginne damit, dein inneres und äußeres Leben in Einklang zu bringen. Lasse Maria und Johannes zusammenleben, eine neue Gemeinschaft bilden. Vernimm beim Tod eines geliebten Menschen die Worte Christi: „Siehe, dein Sohn. Siehe, deine Mutter", und frage dich, was sie dir für dein Leben sagen, wie sie dein Leben verwandeln können.

Oft gehen diese Erlebnisse um den Tod eines anderen schnell wieder verloren. Mancher schiebt sie weg, hält sie nachträglich für Einbildung, taucht wieder unter in sein voriges Leben. Das Bild von Maria und Johannes unter dem Kreuz kann uns den Auftrag wach halten, den wir empfangen haben, und kann uns helfen, daran zu arbeiten. Manchmal müssen wir selbst wieder in die Nähe des Todes kommen oder erleben, daß wir selbst wie angenagelt sind an eine unausweichliche Situation, um den Auftrag, den wir einmal schon empfingen, neu zu vernehmen. Denn gerade dort kommt uns der immer wieder nahe, der auch heute in jeder Kreuzigung, in jeder Todesnähe eines Menschen anwesend ist.

Nachdem Christus sich auf dreierlei Weise vom Kreuz herab den Menschen zugewandt hat, entringt sich ihm als viertes und mittleres der sieben Worte am Kreuz der Ruf: „Mich dürstet." Das ist Ausdruck der schrecklichen leiblichen Qualen, die er durchzumachen hat, und damit auch Urbild für alle Qualen, die dem Menschen aus dem Leibessein entstehen. Auch der Gott hat die Qualen des physischen Menschseins durchlitten und leidet sie seitdem in jedem Menschen mit. Denn gerade durch die leiblichen Schmerzen hat er sich ganz mit dem Menschsein verbunden. Wäre er reiner Geist geblieben, oder hätte er seelische Erlebnisse gehabt, in die der Leib nicht einbezogen ist, hätte er den Leib, einem Gotte gleich, ohne Schmerzen wieder verlassen, dann fehlte ihm die letzte und tiefste Einigung mit dem Menschsein. Mit dem Durst am Kreuz ist Christus fähig geworden, in allen körperlichen Leiden und Nöten der Menschen zu leben und sie ihnen ertragen zu helfen. In manchen Schicksalen sind sie sogar die Gelegenheit zu einer wahren Christuserfahrung.

Jacques Lusseyran schildert eine solche Erfahrung in seinem Buch „Das wiedergefundene Licht". Er lag in schwerster Krankheit im KZ, von den Wärtern aufgegeben, in Todesqual, als er plötzlich erfuhr, wie Leben als Substanz in ihn einströmte. Es war ein Lichtstrom, ein göttliches Leben, und er wußte, von wem es stammte und daß dieser auch in seiner Qual gelebt hatte und dadurch die Rettung spenden konnte.

Es können auch andere Qualen sein, die aus dem Körper kommen, Triebe und Süchte aller Art. Er leidet an ihnen mit. Um aber helfen zu können, ist es nötig, daß der Mensch, gleich ihm, rufen kann: „Mich dürstet." Wer keinen Durst erlebt, kann ihn nicht gestillt bekommen, und das Christuswesen in seinem Menschentum leidet in ihm weiter auch dann, wenn er seinen Durst mit Drogen aller Art betäubt. Dann kann es geschehen, daß er auch heute in solchen Menschen die Gottverlassenheit durchleidet.

Wo immer ein Mensch ihn nicht zu sich läßt, sein Wirken nicht zuläßt, da ruft er auch heute aus dem Menschen: „Mein Gott, warum hast du mich verlassen?" Er leidet die Gottverlassenheit des Menschen gerade dann, wenn dieser nicht daran leidet. Sobald der Mensch die Gottverlassenheit bewußt erlebt und selbst diesen Ruf des Christus am Kreuz ausstößt, ist er eins mit ihm und nicht mehr von ihm verlassen. Er merkt es noch nicht, aber es stellt sich eine Ergebenheit gegenüber dem Schicksal ein. Er wehrt sich nicht mehr. Er wird ruhig. Und aus solcher Ruhe kann er neu erkennen, daß alles einen Sinn gehabt hat, daß die

Symphonie seines Lebens oder auch erst ein Satz daraus der Partitur gemäß gespielt wurde, daß der Dirigent alle Instrumente so eingesetzt hat, daß nun ein Ganzes sein kann, was vorher noch wie die Probe einzelner Passagen und darum oft mißtönig klang.

Die Ruhe und Harmonie nach der Gottverlassenheit läßt den Menschen in jeder Todesnähe sagen: „Es ist vollbracht." Und wenn er dann über die Schwelle geht, darf er fühlen, wie das in ihm, das den Bruder aller Menschen in sich belebt hat, mit dem erlösenden Wort durch den Tod gehen kann: „Vater, in deine Hände übergebe ich meinen Geist." Dann ist der Tod nicht mehr das Ende. Er ist auch für den Menschen verwandelt. Es gilt das Wort, das Rudolf Steiner zur Charakterisierung des Oster- und Michaelifestes gesagt hat:

Ostern: Christus ist ins Grab gelegt worden und ist vom Tode auferstanden.

Michaeli: Der Mensch ist vom Tode auferstanden und kann getrost ins Grab gelegt werden.*

Angelus Silesius sagt:

Wer nicht stirbt, eh' er stirbt,
der verdirbt, wenn er stirbt.

Es geht wohl darum, vor dem leiblichen Tod das Sterben zu üben. Das Leben gibt immer wieder Gelegenheit dazu. Das Urbild des Kreuzestodes Christi kann uns helfen, an

* siehe Rudolf Steiner: „Der Jahreskreislauf als Atmungsvorgang der Erde und die vier großen Festeszeiten", Vortrag vom 1. April 1923 in Dornach (GA 223)

der Verwandlung des Todes zu arbeiten, in dem Bewußtsein, daß es auch heute noch Christus ist, der diese Verwandlung im Menschenleben und Menschensterben bewirkt. Das meint das Wort aus dem alten Rosenkreuzerspruch: „In Christo morimur – in Christus sterben wir."

Leere und Erfüllung

Das erste, was die Jünger und die Frauen erlebten, als sie am Ostermorgen zum Grabe des Herrn gingen, war, daß sich alles ganz anders zeigte, als sie es erwartet hatten. Sie wollten seinen Leichnam salben, sie wollten dem Verstorbenen Ehre und Andenken erweisen und erwarteten, ihn im Grab zu finden, wohin sie ihn am Tag zuvor gelegt hatten. Sie überlegten auf dem Weg dorthin, wer ihnen den großen Stein vom Grabe wegwälzen könnte. Als sie hinkamen, es ging gerade die Sonne auf, da war der Stein bereits fortgerollt. Als sie in das Grab schauten oder sogar eintraten, fanden sie den nicht, den sie suchten. Nur die Tücher, in die er eingehüllt gewesen war, lagen da. Sie hatten keine Begriffe für das, was sie sahen. Ihre alten Vorstellungen paßten nicht dazu. Sie hörten die Kunde der Engel und konnten sie nicht verstehen.

Mit dem völlig Unerwarteten, für das uns die Begriffe fehlen, beginnt auch der Weg des Menschen zur Auferstehung. Nur daß wir heute auch lernen müssen, solche Situationen überhaupt zu bemerken. Sie kann eintreten, wenn wir glauben, einen Menschen ganz und gar zu kennen. Seine Reaktionen, sein Verhalten, sein Sprechen, seine Gebärden, alles erwarten wir, wie es schon hundertmal sich abgespielt hat. Wie ein großer Stein liegen die Probleme, die wir mit ihm haben, vor uns. Wer wälzt uns den Stein fort? Da kommt ein Tag, eine Stunde, und diese Probleme sind nicht mehr da. Der Stein des Anstoßes ist weggewälzt, aber wir erwarten immer noch zu sehen, was wir kennen, was zwar längst tot ist in unserem Verhältnis zu dem anderen, was aber doch immer noch erwartet wird.

In diesem geschenkten Schicksalsaugenblick ist das Hindernde verschwunden. Die gewohnten Abläufe zwischen uns bleiben aus. Wir haben keine Begriffe für die neue Situation. Wo ist denn der geblieben, den wir so gut zu kennen meinten? Noch nicht einmal das, was uns einmal kostbar an ihm war, was unsere Beziehung ursprünglich bewirkt hat, finden wir wieder. Was tot war, ist verschwunden, und das Lebendige sehen wir noch nicht. Wenn uns das widerfährt mit einzelnen Menschen, mit Menschengruppen, mit Schicksalssituationen, dann ist das ein erster Aufruf zur Wachsamkeit. Dann will uns die Wahrheit, die Wirklichkeit in einer anderen Sphäre als der nur irdischen begegnen.

Als Maria Magdalena allein am Grabe zurückblieb und voll Trauer hineinschaute, sah sie zwei Engel an der Stelle, wo der Gestorbene gelegen hatte. Die sprachen sie an und fragten sie, warum sie weine. Sie sagte es ihnen. Dann wandte sie sich um und sah einen Menschen, den sie für den Gärtner hielt. Er fragte sie auch, warum sie weine, und sie antwortete aus ihrer alten Vorstellung heraus, fragte ihn, ob er wisse, wo der Leichnam hingekommen sei. Da nannte er sie mit Namen: Maria. Und in dem Augenblick erkannte sie ihn.

Das ist die tiefe Erfahrung, die der Mensch auf dem Wege zur Auferstehung als erste macht und die der weise Oetinger so ausgedrückt hat: „Das Auge, mit dem Du Gott siehst, ist dasselbe, mit dem Gott Dich sieht." Indem Christus den Namen Marias nannte, wurden Erkanntwerden und Erkennen eins. Wo der Seele dieses Erlebnis zuteil wird, daß sie sich illusionslos erschaut fühlt und daran die

Gegenwart dessen erlebt, der sie kennt, ihr Wesen mit Namen nennt, da verschmelzen auch Erschrecken und Beglückung ineinander. Wir fallen vor ihm nieder in der Ehrfurcht und dem Staunen vor einer völlig neuen Begegnungsweise, die realer ist als unsere bisherigen Begriffe von Bekanntem. Eine Berührung ist noch nicht gegeben, aber eine Verheißung, daß dieses Überschreiten der Schwelle in andere Erlebnisdimensionen seine Fortsetzung finden wird, daß er den Menschen, die ihn suchen, vorangehen wird.

Jeder Mensch kann seine Metamorphose, seine Variation dieser Erfahrung der Maria am Grabe durchmachen. Wenn wir die erste Voraussetzung, die wir geschildert haben, die Unzulänglichkeit unserer bisherigen Begriffe für das, was uns geschieht, durchlebt und durchlitten haben, sie nicht weggeschoben haben, sondern wach daran geworden sind und nicht wieder zum Gewohnten, Gestorbenen zurückgekehrt sind, dann kann es geschehen, daß wir uns im tiefsten gemeint, angeschaut, angesprochen fühlen.

Die erste Situation ist vorüber, in der wir mit dem oder den anderen zusammen waren und alles so anders war, so ungewöhnlich, un-begreiflich. Unsere Seele ist davon aufgewühlt und ist allein in ihrer Rat- und Verständnislosigkeit. Da, im stillen Kämmerlein, am leeren Grab, kann man bemerken, daß man es nicht nur mit den Menschen zu tun hat, die man aus allen irdischen Umständen und Erfahrungen heraus zu kennen meint, sondern daß das Irdische der äußere Schein von geistiger Schicksalsgestaltung, vom Wirken derer ist, die Schicksale lenken.

Wir bekommen einen Sinn für Intelligenzen, die sich durch Menschenschicksal kundtun, für das Wirken der Engel. An dieser Schwelle begegnen wir dem, der uns kennt bis ins tiefste, unverhüllt. Dieses Erkanntwerden ist so, daß wir uns plötzlich selbst sehen, ganz umfassend, ganz schonungslos. Wir fühlen, daß wir das gar nicht aushalten könnten, daß wir sterben müßten, wenn dieses Erkennen nicht von dem ausginge, der den Tod überwunden hat und uns seine Auferstehungskraft gerade durch solche Todes- und Selbsterkenntnis-Erlebnisse gnadevoll vermittelt.

Wer dem eigenen Doppelgänger, dem Selbst, wie es wirklich ist, begegnet, begegnet zugleich dem Tod, der an der Schwelle steht, und dem Auferstandenen, der über die Schwelle geleitet. Die Todeserfahrung ist auch für uns die Voraussetzung für die Begegnung mit dem Auferstandenen. Der Blick in das leere Grab ist die Voraussetzung dafür, daß wir beim Namen genannt werden, daß wir im Erkanntwerden erkennen dürfen.

Überwindung von Angst und Zweifel

Oft hört man Menschen über andere urteilen. Der will ein Christ sein und hat doch so viele Ängste und Zweifel. In den Abschiedsreden des Johannes-Evangeliums sagt Christus zu den Jüngern: „In der Welt habt ihr Angst, aber seid getrost, ich habe die Welt überwunden." Er sagt nicht: In der Welt braucht ihr keine Angst zu haben, sondern: Ihr habt Angst. Daran erkennen wir, daß wir in der Welt sind, daß wir noch und immer wieder diesseits der Schwelle zur geistigen Welt sind. Aber der Auferstandene tritt immer wieder in unser Diesseits ein und läßt von seinem Wesen, etwas vom heiligen Geist in uns einströmen, damit wir im Diesseits das Jenseits zu erleben vermögen und das Jenseits unsere Erfahrungen aus dem Diesseits als geistige Substanz aufnehme.

So trat Christus damals bei den Jüngern ein, die den Raum ihrer Zusammenkunft aus Angst vor den Juden verschlossen hatten (Joh. 20). Es war am Abend des ersten Tages nach seiner Auferstehung. Er erschien ihnen in physischer Gestalt, ohne den Gesetzen der Materie zu unterliegen. Er kam durch die verschlossene Tür. Er trat in ihre Mitte und sprach zweimal: „Friede sei mit euch." Als Auferstandener trug er noch die Wundmale, die Zeichen seines irdischen Leidens und Sterbens. Daran erkannten sie ihn. Sie öffneten ihm ihre Seelen in Freude, die vorher in Angst verschlossen waren. Er gab ihnen von seinem Lebensodem, von seiner Lebensluft, die durchweht ist vom heiligen Geist. Damit gab er ihnen die Fähigkeit, bei anderen Menschen feststellen zu können, ob ihre Sünden durch die Verbindung mit Christus einen Ausgleich erfahren haben, oder ob sie noch weiter daran arbeiten müssen, damit daraus etwas für das weitere Leben gewonnen werde.

Der heilige Geist ist Geist der Erkenntnis und Geist des Heilens. Was zerbrochen ist, wird durch ihn wieder heil, ganz. Damit Erkennen zu Heilen wird, muß in denen, die zur Sündenheilung berufen sind, die Liebe walten, die ihr Meister selbst zu dem Menschenwesen hat. Er muß in ihre Mitte treten, in die Mitte ihrer Gemeinschaft und in die Mitte jedes einzelnen. Wer Erkennen der Sündensituation und ihr Heilen verbinden will, muß zuvor von ihm den Frieden empfangen. Können auch wir diesen Schritt tun auf dem Weg, den er uns vorangegangen ist? Wie kann sich Angst in Frieden wandeln?

Wir können das nicht machen, genausowenig wie die Jünger das von sich aus vermochten. Wir müssen sogar akzeptieren, daß wir in der Welt Angst haben, daß wir Angst haben, wenn wir eine Situation nicht durchschauen und wenn wir dem begegnen, der alles, was zum Irdischen gehört, zerbrechen kann, dem Tod in seinen vielen Gestalten. Viele Menschen machen sich vor, sie seien stark und kennten solche Ängste nicht. Sie lassen ihre inneren und äußeren Türen immer offen und merken nicht, welche Unwesen da auch hereinkommen. Vielleicht sind sie schon längst deren Gefangene und dünken sich frei.

Da sind die Gefangenen ihres Reichtums, ihres Ehrgeizes, ihrer Eitelkeit; da sind die Gefangenen der Technik und des Entdeckertriebes, die Gefangenen alles Machbaren; da sind die Gefangenen ihrer Gewohnheiten, der Mode und Konvention. Ihre Türen sind für alles offen. Erst wer bemerkt, was alles ihn gefangennehmen will, begibt sich hinter verschlossene Türen, zusammen mit den wenigen, denen er vertraut und die sich der gleichen Gefahr bewußt sind.

Heute haben viele Menschen das Ideal, für alles offen zu sein. Sie sagen, bevor sie etwas nicht selbst ausprobiert, kennengelernt haben, könnten sie es nicht beurteilen. Sie rechnen nicht damit, daß die Angst und die verschlossenen Türen auch ein Schutz sind und daß die Offenheit der Seele auf ganz andere Weise geschehen kann. Daß nämlich das Wesen der Liebe und der Todüberwindung gerade dann eintritt, wenn die Türen zur äußeren Welt mit ihren Bedrohungen verschlossen sind. Durch die Liebe zu Menschen, zur Natur, zu Völkern, zum wahren Geist der Zeit, nicht zu seinem damit leicht zu verwechselnden Ungeist, wird uns im Innern Erkenntnis zuteil oder auch im Gespräch mit anderen Fragenden.

Und es wird uns im Innern der Friede zuteil, der uns dazu verhilft, Erkanntes ins Leben zu überführen. Es ist nicht ein Vorrecht der Priester, Sünden zu vergeben oder nicht. Wo immer Menschen durch verschlossene Türen den Träger, den Repräsentanten der Liebe zu sich oder in ihre Gemeinsamkeit einlassen, da klären sich ihnen ihre Schicksalsverhältnisse, und durch das Gespräch sieht jeder und erlebt es dann, was ihm noch bleiben muß zur eigenen Aufarbeitung und wovon er sich erlöst fühlen kann. Das ist kein Urteilsspruch von außen, sondern eine tiefe innere Gewißheit, die durch den, der als unsichtbarer Dritter zwischen zweien lebt, als geistige Wirklichkeit erfahren wird.

Das erneuerte Beichtsakrament, wie es in der Christengemeinschaft gepflegt wird, ist eine Verwirklichung dessen. Der Priester hört dem anderen Menschen zu und erkennt in dem, was dieser sagt, etwas von sich selbst, von seinen eigenen Schwächen wieder. So entsteht zwischen ihnen das Erkennen, das zur Heilung führen kann. Keiner spricht die Sündenvergebung von außen, aber durch verschlossene Türen tritt derjenige ein, der uns den Geist der Erkenntnis und der Heilung einhaucht, so daß wir den Frieden fühlen, indem wir sowohl das Lösen wie das Behalten der Sünde annehmen und weiterführen können.

Denn Christus will die Menschen aus jeglicher Abhängigkeit in die Freiheit leiten. Er ersehnt sich Menschen, die in der Paradoxie zu leben vermögen, die in der Menschenweihehandlung ausgesprochen wird: „Die da erkennen in *Freiheit* Christus als ihren helfenden *Führer*." Er anerkennt die Angst und die verschlossenen Türen, die in der Welt ihre Berechtigung haben, und tritt bei den Menschen ein, jenseits von Zeit und Raum. Es sind Innenräume, Seelenräume, in denen wir ihn erleben, und Zeitlosigkeit ist ein Merkmal dieser Begegnung. Indem er die Angst anerkennt, überwindet er sie zugleich. Indem er in unser diesseitiges Leben tritt, wird es ein jenseitiges, bzw. werden Dieseits und Jenseits eine Welt. Wir leben ja noch in dieser Welt, während wir solche Innenerlebnisse haben.

Nicht nur die Angst, auch der Zweifel wird auf ähnliche Weise überwunden. Davon zeugt die nächste Geschichte. Thomas, der genannt wird der Zwilling, also das Zwiefache, dem das Zwei-felnde schon in seinem Namen zugesprochen wird, er war bei diesem ersten Erscheinen des Christus im Jüngerkreis nicht dabei. Sie erzählen ihm davon. Er aber glaubt ihnen nicht und will es nur für wahr halten, wenn er äußere Beweise dafür zu sehen bekommt, die Hände in seine Wundmale legen kann. Obwohl Christus im äußeren Sinne nicht zugegen war, als Thomas das sagte, tritt er nach acht Tagen wieder durch verschlossene

Türen bei den Jüngern ein und fordert Thomas auf, das zu tun, was er als Beweis verlangt hat. Er geht also auf den Zweifel des Thomas ein, läßt ihn gelten und gewährt ihm den äußeren Beweis. Aber gerade dadurch wird Thomas in die Raum- und Zeitlosigkeit gehoben. Der Meister weiß von seinem Zweifel, ohne im Raum gewesen zu sein, in dem er ihn aussprach.

Jetzt braucht Thomas ihn nicht mehr zu berühren. Erschütterung schließt ihm das Herz auf, und er spricht Worte von Ewigkeitswert. Über alle Zeit hinaus bekennt er sich zu ihm als seinem Herrn und Gott. Christus zeigt ihm die Situation und zeigt ihm, was sich daraus weiter ergibt, zeigt ihm das Ziel seines inneren Weges. „Du glaubst, weil Du mich gesehen hast? Selig sind, die nicht sehen und doch glauben.“ Mit diesem Wort sind die Menschen dazu verleitet worden, von blindem Glauben zu sprechen, der im Christentum durch Jahrhunderte gefordert wurde. Das ist genau so, wie man vom blinden Sehen spricht. Wenn einer blind ist, kann er mit seinen physischen Augen nicht sehen. Aber mancher Blinde sieht auf ganz andere Weise.

Jacques Lusseyran, den wir schon erwähnten, schildert das so, daß er nach seiner Erblindung gelernt hat, die Gebärde des Sehenden zu ändern. Der Sehende geht mit seinem Blick hinaus zu den Dingen, die er draußen sieht. Er, der Nichtsehende, lernte, die Dinge der Welt in sich hineinzulassen samt ihrer Ausstrahlung, mit dem, was er hörend, tastend, aber auch einfach atmosphärisch fühlend von ihnen wahrnahm. So konnte er die Wirklichkeit oft besser erkennen als die Sehenden, denn wie oft trügt der äußere Schein. Glauben ist solch ein Hineinnehmen in die Seele und ein anderes Sehen als das äußere. Wer an einen Menschen glaubt, sieht mehr als das Äußere. Wer an ein übersinnliches Wesen glaubt, nimmt es in der Seele wahr. Ja, mancher erlebt, daß Glaube die Hülle, die Substanz ist, in die es sich uns kleidet, in der es verdichtet erscheint. Luther hat eine Wahrheit ausgesprochen mit seinem Wort:

> Der Glaube ist ein sechster Sinn,
> weit über die fünf Sinne hin.

Aber bevor im Menschen dieser neue Glaube erwacht, muß er erst durch Zweifel gehen. Wir dürfen nicht alles glauben, was uns erzählt wird. Was glauben die Menschen nicht alles, was ihnen im Namen der Wissenschaft oder im Namen der Kirche oder von Politikern und Machthabern gesagt wird! Wie viele glauben alles, was durch die Medien ausgestrahlt wird, was durch Werbung verbreitet wird. Der Zweifel hat genauso seine berechtigte Stelle im Leben wie die Angst. „In der irdischen Welt habt ihr Angst", in der seelischen Welt haben wir Zweifel. Denn Christus selbst hat in seiner Predigt am Ölberg gesagt (Mark. 13, 21–23), daß viele falsche Propheten, falsche Christusse kommen werden.

Auch heute ist die Welt voll davon. Wir brauchen den Zweifel. Aber wir brauchen auch den Glauben, das Sehen, das den Blick nach innen wendet. Nur dort erkennen wir ihn, denn er unterliegt nicht mehr den Gesetzen der materiellen Welt. Wir erkennen ihn an seinen Wundmalen, an den Zeichen seiner Leiden, die ihn mit dem Menschen verwandt gemacht haben, ja die ihn das Menschsein bis ins tiefste erleben ließen. Die falschen Christusse sprechen nicht von Leid, sondern von Glück, von Wohlstand, von ewiger Freude oder vom Aufgehen in den großen allgemeinen Weltengeist. Christus erkennt man an der Bejahung des Leides und seiner Verwandlung. Und man erkennt ihn daran, daß der Menschengeist nicht ausgelöscht, aufgegeben werden muß, um sich mit ihm zu durchdringen, sondern daß der Mensch ihm als einem Gegenüber begegnet und sich zugleich mit ihm einig, sogar identisch fühlt. Er erlebt es so, daß er mit sich selbst einig, mit sich selbst identisch ist oder auch mit einem anderen Menschen für Augenblicke einig ist oder sich mit einer Gemeinschaft geistig identifiziert.

Die Gewißheit, daß es sich bei dieser Identifizierung um das Christuswesen handelt, erhalten wir durch die unbedingte Freiheit, die in solcher Beziehung waltet. Die falschen Propheten und Christusse stellen Bedingungen und bewirken Verhältnisse, die den Menschen unfrei machen. Wie wird der Mensch, ohne es zu merken, oft unfrei durch Schmeicheleien, durch unehrliches Lob, durch Versprechungen! Der Zweifel sorgt dafür, daß wir Schmeicheleien vom Anerkennen des Positiven unterscheiden lernen, daß wir unterscheiden lernen eine Seligkeit, die allein Glück verspricht, von einer Seligkeit, die aus dem Schmerz geboren wurde.

Die Seligpreisungen der Bergpredigt setzen das Annehmen und Durchleiden der Passion voraus. Die Wundmale sind Zeichen für die Anwesenheit Christi. Thomas darf zweifeln. Er wird nicht getadelt. Er sieht die Zeichen des verwandelten Leidens und erkennt ihn als das Wesen, das sein eigener innerer Herr und Gott ist, mit dem er sich in Übereinstimmung fühlt. Und Christus zeigt ihm, wie es noch andere Weisen dafür gibt. Der zweifelnde Thomas in uns kann auch immer wieder ein glaubend Sehender werden auf dem Wege zur Auferstehung des Menschen.

Weg und Ziel

Jeder Lebensweg führt durch Ereignisse, die den Menschen ratlos machen. Wir verstehen nicht, wie das geschehen konnte. Wir hatten z. B. ein bestimmtes Bild von einem Menschen, glaubten ihn gut zu kennen und hatten darum Erwartungen an ihn. Und plötzlich entspricht er diesen Erwartungen nicht, und wir wissen nicht, was wir davon halten sollen. Auch alle erwarteten Situationen, alles, worauf wir gebaut haben, es tritt nicht ein. Alle Zukunftsvorstellungen werden zerstört. Wir wissen nicht, wie wir solch unvorhergesehenes Unglück verstehen sollen. Es ist nicht die Situation der Angst, nicht die des Zweifelns, sondern die der völligen Verständnislosigkeit, der Orientierungslosigkeit, des Umbruches. Da lauert die Gefahr der Resignation, des Stehenbleibens, des Aufgebens.

Das Lukas-Evangelium erzählt (Luk. 24), wie zwei der Jünger auf dem Wege waren von Jerusalem nach Emmaus. Sie sprachen miteinander über alles, was ihnen unverständlich war, was sie so nahe anging und was ihr ganzes bisheriges Weltbild, ihre Hoffnungen, ihre Überzeugungen und ihre Lebensweise zerstört hat: den Tod dessen, von dem sie erwartet hatten, daß er der Messias sei und ihr Volk von der Fremdherrschaft befreien würde. Trotz der großen Trauer und Enttäuschung, trotz der Verständnis- und Ratlosigkeit begaben sie sich auf einen Weg. Äußerlich gingen sie nach Emmaus, innerlich gingen sie den Weg des Gesprächs.

So auf dem Weg wurden sie begleitet von einem, den sie nicht kannten. Er ging nicht nur den äußeren Weg mit ihnen, sondern fügte sich ein in das Gespräch. Zuletzt fragte er sie, worüber sie denn sprächen. Sie meinten, er sei wohl der einzige, der nicht wisse, was sich in Jerusalem zugetragen habe, worüber doch alle sprechen. Sie berichteten es ihm. Er, den sie nicht erkannten, rüttelte sie auf mit seinem Vorwurf, unerleuchtet und dumpf zu sein, obwohl sie eigentlich alles hätten wissen können, denn sie kannten ja die Schriften ihrer Propheten, die alles, was geschehen ist, schon Jahrhunderte vorher beschrieben haben. Dann zeigte er ihnen, wie Vergangenheit, Gegenwart und Zukunft zusammenhängen und wie man sie zusammenschauen muß, um das Ganze des Lebens zu verstehen, des einzelnen, um den ihre Fragen kreisen, der ihr Meister war, und der ganzen Menschheit, zu der auch sie selbst gehören.

Wie Christus damals unerkannt der Begleiter der beiden Jünger auf dem Wege war, so ist er es heute für jeden, der in die Enttäuschung, in die Verständnislosigkeit geraten ist und die innere Orientierung verloren hat. Aber Voraussetzung ist, daß der Mensch auf dem Weg ist, daß er sich bewegt, daß er Schritte macht und daß er ins Gespräch kommt. Im Gespräch wird die eigene Auffassung deutlicher, konturierter, als wenn man die Probleme nur in sich selbst umwälzt. Die Gefahr ist, daß man sich mit seinen Gedanken und Emotionen im Kreis dreht, wenn man mit ihnen alleine bleibt. Es geht nicht mehr weiter. Wenn man mit jemandem, der ähnliches erlebt hat, spricht, kommt Bewegung in den Vorgang, und der starre Kreis wird durchbrochen.

Indem zwei oder mehrere Menschen bewegt und bewegend miteinander sprechen, werden sie fähig, etwas zu denken, zu empfinden, sogar zu planen, was jeder für sich nie gekonnt hätte. Es ist, als wäre zwischen ihnen ein Dritter, der sie inspiriert, der ihnen einen ganz neuen Blick auftut für das, was ihnen zuvor so unbegreiflich war. Irgend etwas in ihnen, so bemerken sie jetzt, hat ja schon längst geahnt, vielleicht sogar gewußt, daß kommen würde, was jetzt geschehen ist. Sie haben diese Ahnung nur mit ihren Meinungen und Wünschen verdrängt. Es kann sogar die Einsicht eintreten, daß der tiefere Mensch in mir, oder besser gesagt der höhere Mensch das, was mich jetzt so schlimm betrifft, selbst gewollt hat oder wenigstens selbst etwas mit den Vorgängen zu tun hat. Jedes Gespräch, das den Charakter einer gemeinsamen Wanderung hat, ruft den unerkannten Schicksalserfüller und -begleiter herbei. Es führt uns dorthin, wo wir hin wollen, in unser Emmaus. Dort erst wird uns bewußt, daß der Begleiter uns die Verzweiflung genommen hat. Er geht aber nicht von allein mit in unseren Innenraum. Es ist an uns, ihn aufzufordern, die Einkehr mit uns zu vollziehen, so wie die beiden Jünger damals ihn dazu aufgefordert haben. Es heißt: „Er stellte sich, als wolle er weitergehen." Aber er ist bereit, bei ihnen zu bleiben.

Wieder ist es das Freiheitsmoment, das entscheidet. Er gab ihnen die Möglichkeit, sein aufschließendes Wirken und Wesen zu erleben. Sie aber mußten jetzt selbst ja dazu sagen. Sie mußten ihn bitten zu bleiben, mit ihnen den Tag zu beschließen, weil es Abend wurde. Erst dann setzte er sich mit ihnen zu Tisch nieder. Er war für sie noch immer ein Fremder, wenn sie ihn auch wohltuend und hilfreich erlebt haben. An der Art, wie er das Brot nahm, dankte, es segnete, es brach und ihnen reichte, erkannten sie ihn. Und im Augenblick des Erkennens war er ihrem Blick entschwunden.

Nun wurde ihnen bewußt, daß sie schon die ganze Zeit des Weges im Gespräch etwas Besonderes erlebt hatten: „Brannte nicht unser Herz, als er auf dem Wege mit uns sprach?" Er hatte sich ihnen ja schon vorher, auf dem Wege, mitgeteilt. Wenn ein Mensch mit seinen Worten den anderen etwas von sich, von seinem Wesen zukommen läßt, wenn das Gespräch diesen wesenhaften Charakter hat, dann sagt die deutsche Sprache: Er hat sich uns mit-geteilt. Er hat uns Teile seines Wesens mitgegeben, hat sich selbst mit uns geteilt. Darum hat ihr Herz gebrannt, weil die Jünger sein Wesen mit seinem Wort in sich aufgenommen haben. Ihn, der sich das Brot des Lebens nannte, haben sie dann an der Gebärde des Brotbrechens auch erkannt.

Es kann im Leben geschehen, daß wir uns in größter Not doch auf einen inneren Weg begeben und uns mit denen besprechen, die auf demselben Weg sind. Es kann der Weg geistiger Schulung sein. Es kann der Weg sozialen Einsatzes sein. Durch wieviel Höhen und Tiefen führt nicht der Weg derer, die anderen helfen wollen und die Zusammenhänge und Gesetzmäßigkeiten darin nicht kennen. Sie wissen nocht nicht, daß man nur geben kann, wenn man sich immer wieder etwas erringt, daß man nur mit und für andere leben kann, wenn man auch immer wieder sich abgrenzt und allein ist. Auch der Weg im Sozialen ist ein Schulungsweg. Genauso ist es mit Wegen im künstlerischen Schaffen. Sie führen durch Orientierungslosigkeit, durch Zweifel an sich selbst, durch Echo und Echolosigkeit. Sie führen den Menschen durch Abhängigkeiten und in Freiheitserfahrungen.

Es geht darum, Wanderer zu sein, die eigenen Erfahrungen im Gespräch zu bearbeiten und Wandlungen zuzulassen. Erst wenn es dazu kommt, daß Worte, ob sie nun in Gedanken- oder Tatform erscheinen, Brot für uns werden, gehen uns die inneren Augen auf, und wir sehen, wer es war, der auf dem Weg mit uns sprach. Dann wird uns deutlich, daß es seine Gegenwart war, die uns das Herz warm werden ließ. Ob auf dem geistigen, sozialen oder künstlerischen Weg, immer gibt es da die Zeiten des brennenden Herzens, in denen wir Liebe erleben, Liebe von uns zur Arbeit, zum Werk, zu den Menschen oder Liebe, die uns, oft überraschend, aus einer Situation, aus einem Tun, von einem Menschen oder einfach unbestimmbar zukommt.

Der Weg der Menschenweihehandlung ist die ungetrübte Verwirklichung des Weges der Jünger nach Emmaus. Auf ihm werden wir begleitet von dem, der auf allen Wegen mitgeht. Er erschließt uns die Schrift im Hören des Evangeliums. Er bewirkt, daß wir unsere Seele im Mitgehen mitteilen. Er bringt unsere erstarrten Herzen zum Brennen. Am Ende dieses Weges bricht er das Brot mit uns und gibt sich uns selbst in Brot und Wein. Wie in der Menschenweihehandlung Wort und Brot eins werden, so auf allen Wegen, die Menschen in Christi Begleitung gehen und während derer sich die Wahrheit erfüllt:

Das Brot ernährt uns nicht.
Was uns im Brote speist,
ist Gottes ewiges Wort,
ist Leben und ist Geist.

Das ist es, was die Jünger auf dem Weg erfahren haben und was alle Menschen erfahren, die auf diesem Weg in allen Variationen des Schicksals gehen.

Wendung in der vergeblichen Mühe

Wie oft im Leben scheint uns das, was wir tun oder getan haben, vergeblich zu sein. Die Hilfe, die wir einem Menschen zukommen lassen, wird von ihm nicht angenommen. Die berufliche Anstrengung führt zu keinem Erfolg. Alles, was Eltern für ihre Kinder eingesetzt haben, wird von ihnen nicht geachtet, ihnen später vielleicht sogar zum Vorwurf gemacht. Alle Kraft und Liebe, die ein großer Mensch, ein Künstler, ein Lehrer, ein Geistesforscher, in sein Werk gegeben hat, findet zu seinen Lebzeiten kaum Beachtung. Auch unsere vielerlei Bemühungen um Erkenntnis und Verstehen sind oft vergebens. Je mehr wir darum ringen, um so mehr entzieht es sich uns; wir verstehen immer weniger und werfen die Netze unserer Beobachtungen und Erklärungen vergeblich aus. Es ist Nacht, und unser kleines Eigenlicht zieht keine Ideen, nichts Wirklichkeitsgemäßes, auch keine Anerkennung, keinen Lohn, kein Ergebnis an.

Für diese Situation gibt uns das Johannes-Evangelium ein Urbild (Joh. 21). Da wird erzählt, wie sieben der Jünger in der Nacht fischend auf den See hinausfahren. Sie werfen die Netze aus und fangen nichts. Bei Morgengrauen kehren sie zurück und sehen von weitem jemanden am Ufer stehen. Der fragt sie: „Kindlein, habt ihr nichts zu essen?" Sie antworten: „Nein." Da sagt er zu ihnen, sie sollten noch einmal hinausfahren und das Netz auf der rechten Seite des Bootes auswerfen, dann hätten sie zu essen. Sie folgen dem Wort des Unerkannten. Nun fangen sie so viel, daß sie die Netze kaum zu ziehen vermögen.

Als sie nicht mehr weit vom Ufer entfernt sind, sagt der Jünger, den der Herr lieb hat, zu Simon Petrus: „Es ist der Herr." Petrus zieht sein Gewand an und geht durchs Wasser zu ihm. Die anderen kommen mit den Netzen nach. Als sie an Land sind, gewahren sie, daß Jesus schon ein Feuer angelegt hat, mit Brot und Fischen darauf. Er fordert sie auf, von ihrem eigenen Fang etwas hinzuzufügen. Wieder ist es Petrus, der nun das Netz heraufzieht und den Auftrag erfüllt. Dann nimmt Jesus das Brot und reicht es ihnen, ebenso die Fische. Keiner fragt, wer er sei, aber alle wissen es ohne zu fragen mit Sicherheit. Sie erkennen ihn nicht an seiner Gestalt, denn die ist immer wieder anders. Sie erkennen ihn an seiner Wirkung und an seinem Tun.

Es geht für uns Menschen auch darum, nach aller vergeblichen Mühe nicht aufzugeben. Das sind die Nachtzeiten unseres Lebens. Und so wie wir gar nicht wissen, was nachts mit uns geschieht, wissen wir auch nicht, was in diesen äußerlich ergebnislosen, enttäuschenden Zeiten mit uns geschieht. Wie wir mit unserem Tagesbewußtsein in der Nacht schlafen und nichts tun können im Sinne der Tagesarbeit und doch am Morgen dann erfrischt erwachen und etwas mitbringen aus der Nacht, so schlafen wir auch für das, was in den dunklen, vergeblichen Stunden des Lebens geschieht. Das scheinbar Vergebliche, Mißlungene, Unbeachtete wird von ganz woanders gelenkt und in ganz anderer Weise wirksam, viel später als wir denken, wenn es schon anfängt, hell zu werden.

Aber der, der da am Ufer steht, hat unser Bemühen, unseren Einsatz wohl bemerkt. Wären die Jünger nicht hinausgefahren zum Fischen, so hätte sich die Begegnung mit ihm nicht ereignet, und wären sie nicht noch einmal selbst tätig geworden, indem sie ihre Netze zur Rechten, zur

Seite der Aktivität auswarfen, so hätte sich auch dieser große Fang nicht zugetragen. Es geht also darum, sich unabhängig von Erfolg, Lohn, Resultat einzusetzen, im Vertrauen darauf, daß der am Ufer Stehende, der zwischen irdischem und geistigem Leben Stehende, unsere Arbeit, unsere Hingabe, unser Leben für die Sache, für das Fischen wahrnehmen wird, und daß dies auch in der Nacht, wenn es für uns im Leben gerade dunkel ist, geschieht.

Wenn er von uns keinen Einsatz erlebt, ist er auch für uns nicht erlebbar. Wenn wir uns aber in diesem Sinne auf das Meer des Lebens hinausbegeben, so ist das die Voraussetzung für seine Hilfe. Wir bemerken seine Anwesenheit an unserem Vertrauen, durch das wir auf neue Weise tätig werden. Statt im vergeblichen Helfen zu resignieren, statt den Undankbaren Vorwürfe zu machen, statt das Begonnene aufzugeben, setzen wir noch einmal ganz neu an.

Enttäuschte Eltern schauen nicht mehr auf Dank oder Undank, sondern pflegen Fürbitte für die, die sie anders nicht mehr erreichen. Künstler rechnen nicht mehr mit dem Echo der Menschen, sondern vertrauen darauf, daß die Zeit, das Echte in ihrem Schaffen zu erleben, kommen wird. Genauso vertrauen Lehrer und Weise auf die rechte Stunde in der Evolution. Und der um Erkenntnis Bemühte pflegt geduldig seine Übungen. Der Liebe Suchende hört auf zu suchen, gibt sich vielmehr dem Auftrag der Stunde, der jetzigen Situation hin.

Jeder vermag an seinem Platz, das bisher Gewohnte ganz neu aufzunehmen. Wenn er dann wieder an Land kommt, festen Boden unter den Füßen spürt, sieht er, daß da schon ein Feuer entzündet, eine Nahrung zubereitet ist, der er das seinige noch hinzufügen kann. Er sieht, wer da in allem so gewaltet hat. Er sieht, daß er und die zu ihm Gehörenden nun doch die nötige Nahrung und Stärkung bekommen. „Es ist der Herr“, der in vielen Gestalten von uns daran erkannt werden will, daß er alles, was uns vergeblich erschienen ist, mit Hilfe unseres Vertrauens in Sinnvolles, Speisendes, Verbindendes wandeln kann.

Dieses Vertrauen ist seine Kraft in uns. Durch dieses Vertrauen fühlen wir uns in ihm lebend als derjenige, der uns Fisch und Brot zubereitet. Wir brauchen nicht zu fragen, wer es ist. Wir erleben ihn als den, der jedes Zeitalter durchdringt, wie er damals begonnen hat, das Zeitalter der Fische zu durchdringen. Und wir erleben ihn als den, der jedes Menschen-Ich durchdringt als das Wesen, das sagt: „Ich bin das Brot des Lebens.“ Wo wir als Menschen durch alle Vergeblichkeiten, Nächte und Wogen hindurch mit dem Zeitgeist zusammenwirken, da steht er am Gestade und erwartet uns.

Lieben-Können und Lieben-Lernen

Es gibt Menschen, die können wir einfach lieben. Wir begegnen ihnen und haben sie gleich gern. Oder wir entdecken an ihnen seelisch Verwandtes und verstehen uns mit ihnen, lieben sie darum auch. Die deutsche Sprache drückt das so aus: sich, sich selbst, mit dem anderen verstehen – durch das Wesen des anderen das eigene verstehen. Das ist *eine* Art zu lieben. Warum ein Mensch einen anderen lieben kann, läßt sich nicht erklären. Alles, was darüber gesagt wird, daß man z. B. seine Augen, seine Stimme, seine Gestalt, seine Geduld, Toleranz, seine Kraft, sein Temperament liebt oder vieles andere, es sind doch immer nur Andeutungen der erlebten Wirklichkeit.

Die Liebe bleibt immer ein Geheimnis. Wer sie erlebt, weiß, daß es dafür keine Worte gibt. Es gibt eine Sprache der Liebe jenseits aller Volkssprachen. Die Sprache der Liebe kann man nur hören oder taub dafür sein, aber man kann sie nicht übersetzen, nicht einmal mit dem Satz: „Ich liebe dich." Denn diese Worte selbst können trügerisch sein. Jeder macht auch die Erfahrung, daß eine große Liebe nicht bleibt. Daß ich einen Menschen sehr lieben kann, schließt nicht aus, daß ich ihn auch sehr verletzen kann, ihm Unrecht tun, ihn innerlich oder sogar äußerlich verleugnen kann. Eine verletzte, gestörte oder zerstörte Liebe wiederherzustellen, ist sehr schwer. Es genügt nicht, so zu tun, als wäre nichts gewesen. Es genügt nicht, zu verzeihen und miteinander weiter so umgehen zu wollen wie früher, als die erste Liebe noch bestand. Wo das Lieben-Können nicht oder nicht mehr geht, da beginnt das

Lieben-Lernen. Aber kann man etwas lernen, das nicht in Sprache, in Begriffe zu bringen ist, das als Geheimnis und Gnade erlebt wird?

Am Ende des Johannes-Evangeliums wird gezeigt, wie ein Mensch vom Lieben-Können zum Lieben-Lernen geführt wird, um dem Gott der Liebe nachzufolgen. Das kann auch für uns ein Urbild sein für das Erleben der Liebe und für die Nachfolge Christi (Joh. 21).

Die Jünger hatten das Morgenmahl mit Christus gehalten. Da fragte dieser den Petrus, ob er ihn mehr liebe als die anderen. Petrus sagte sehr bescheiden: „Ja Herr, du weißt, daß ich dich liebe." Nun sagte Christus nicht etwa: Ich liebe dich auch, sondern er sagte: „Weide meine Schafe." Dieser Wechsel von Frage und Antwort geschieht dreimal. Jedesmal nennt Christus den Petrus mit seinem Geburtsnamen: „Simon, Sohn des Johannes", und nicht Petrus, der Felsenstarke. Er fragt ihn nach seiner Liebe mit dem griechischen Wort philein, das ist die Freundesliebe, und mit dem Wort agape, das ist die geistige Liebe. Und jedesmal beruft er ihn zum Hirten seiner Schafe und seiner Lämmer.

Petrus schmerzt es, daß er ihn dreimal fragt. Vielleicht erinnert ihn das an seine dreimalige Verleugnung. Die Verleugnung hat gerade gezeigt, wie das Lieben-Können zu Ende war. Er konnte die übergroße Liebe zu seinem Herrn, die so oft in ihm entflammt war, nicht durch die Stunde der Enttäuschung und Angst hindurchretten. Und wenn er geglaubt hatte, es könne nun, da alles doch gut gegangen war und der Meister wieder bei ihnen erschien, so weitergehen wie zuvor, so ging es jetzt darum einzusehen, zu erfahren, daß seine Liebe wie er selbst eine Wandlung durchmachen muß. Er kann Christus nicht so lieben wie zuvor, denn er würde nicht mehr so bei ihnen sein wie zuvor. Sie würden seine Gegenwart nicht mehr so bemerken wie zuvor. Sooft er aber seine Schafe weiden wird, so oft wird er erleben, was es ist, ihn zu lieben und von ihm geliebt zu werden. Er wird nicht mehr aus dem heraus leben, was er kann, sondern wohin ihn der Herr des Schicksals führt. Das deutet Christus an mit dem Hinweis auf des Petrus' Märtyrertod.

Damit sagt er aber auch, daß die Bejahung des Schicksals, und sei es auch das eines Märtyrers, Ausdruck der neu erlernten Liebe ist, der Einigkeit mit dem Herrn. Ihm nachfolgen heißt, sich selbst zu folgen. Ihn lieben heißt, das von ihm Anvertraute zu hüten, zu weiden. Wenn wir Menschen bemerken, daß wir einen anderen nicht oder nicht mehr lieben können, aus welchen Gründen auch immer, dann ist die Zeit des Lieben-Lernens gekommen. Dann geht es darum, in unserer eigenen Biographie die Variation des Urbildes zu entdecken. Nicht mehr der andere Mensch fragt uns dann, wie das oft noch bei der ersten Liebe geschieht: „Liebst du mich?"

Aber der von sich gesagt hat, „Ich bin der gute Hirte" (Joh. 10), oder der auch „der Hirte aller Völker" genannt wird (Apok. 12), ihn können wir uns vergegenwärtigen, wenn wir uns die Worte, die er damals zu Petrus sprach, innerlich so beleben, als würde er sie aus dem anderen Menschen heraus zu uns sprechen. Ich nehme den anderen Menschen wahr, wie er vor mir steht, wie er sich gibt in Wort und Gebärde, in Gedanken und Taten. Und indem ich ihn außer mir erlebe, lasse ich ihn innerlich die Worte sprechen: „Liebst du mich?" auch wenn er äußerlich etwas ganz anderes sagt. Und diese Frage lasse ich mir zur Frage des Christus werden, und meine Antwort gilt ihm:

„Ja, Herr, du weißt, daß ich dich liebe." Von ihm lasse ich mir sagen in meinem eigenen Innern: „Weide meine Schafe."

Diese Schafe sind Bild für alles, was mir von dem anderen Menschen anvertraut wird, aber auch alles, was zu mir gehört, meine Gedanken, Empfindungen und Intentionen. Auch sie habe ich zu hüten. Wenn ich lerne, im Auftrag des göttlichen guten Hirten der Hirte meiner eigenen Seelenregungen zu sein, sie zu hüten, zu leiten, zu nähren, zu tränken und zu pflegen, dann lerne ich, ihn zu lieben, der auch der Hirte des anderen ist.

Denn alle anderen gehören auch zu den Schafen und Lämmern des einen, dem ich nachfolgen will und der mir den Auftrag erteilt hat, *seine* Schafe zu weiden. Lieben-Können ist ein Schicksalsgeschenk. Lieben-Lernen ist Arbeit an sich selbst, damit ich den anderen lieben kann wie mich selbst. In der Liebe zu Christus wird Lernen wieder zu Können. Aus der Arbeit an mir selbst werden mir Begegnungen zuteil als Geschenk. Indem ich seine Schafe weide, erfahre ich zugleich seine Liebe in dem neuen Lieben-Können. Und wieder erlebe ich, daß Liebe sich nicht in Worte bringen läßt, daß sie selbst Sprache ist und ein göttliches Geheimnis.

Christusgegenwart erfahren

In vielen Gruppierungen und Religionsgemeinschaften erwarten heute Menschen die Wiederkunft Christi. Andere haben als einzelne übersinnliche Erlebnisse, die für sie Christusbegegnungen sind. In Literatur und bildender Kunst gibt es Beispiele dafür. Aber die meisten Menschen leben doch ohne solche Erwartungen und solche Erfahrungen. Kann und soll man sie anstreben? Muß man einfach Geduld haben, ob sich im eigenen Leben solch eine Begebenheit ereignen wird? Oder erleben Menschen seine Gegenwart und sind sich dessen bloß nicht bewußt? Versäumen wir etwas, wenn wir sie nicht erleben? Können wir Einbildung von Wirklichkeit in diesem Bereich unterscheiden? Gehört Christuserfahrung zu einem erfüllten Menschenleben? So können wir Fragen über Fragen stellen. Oder wir können uns fraglos dem Leben überlassen, weil es darauf sowieso keine Antworten gibt.

Was sagt das Christusleben selbst darüber? Christus spricht über seine Wiederkunft, lange bevor er geht. Und als er für immer aus der sichtbaren Welt scheidet, bei dem Ereignis, das man heute die Himmelfahrt Christi nennt, da werden die Jünger von „zwei Männern in weißen Gewändern“ darauf verwiesen, daß sie ihm nicht nachschauen sollen, wie er sich nach oben in der Wolke erhebt, sondern daß sie darauf vertrauen dürfen, er komme in der gleichen Art wieder zu ihnen, wie er jetzt gegangen ist.

Seitdem lebt in der Menschheit diese Wiederkunftserwartung. Wir können uns diesem Ereignis verstehend und erlebend nähern, wenn wir die Schilderungen aus allen vier Evangelien zusammennehmen. Matthäus sagt, daß die Jünger von Christus nach Galiläa zu dem Berg gerufen wurden, wo sie zum erstenmal von ihm berufen und ausgesandt worden sind. Dort erteilte er ihnen den Auftrag: „Gehet hin in alle Welt und lehret alle Völker und taufet sie im Namen des Vaters, des Sohnes und des heiligen Geistes."

Er erneuert und erweitert also ihre ursprüngliche Aussendung und fügt dann das Wort hinzu, das den Zustand beschreibt, in den er jetzt übergehen wird. Nicht mehr in einem einzelnen, leiblichen Menschen wird er ihnen begegnen und bei ihnen sein, sondern leibbefreit und zeitlos, allgegenwärtig. „Ich bin bei euch alle Tage bis ans Ende der Welt", so lauten seine Worte. Sie scheinen im Widerspruch zu stehen zu seinen Worten, die Matthäus im 18. Kapitel berichtet (Matth. 18, 19–20): „Wenn zwei von euch zusammenstimmen in all dem, was sie tun wollen, und dann auf Erden um etwas bitten, so wird es im Reich meines Vaters erfüllt. Denn wo zwei oder drei in meinem Namen zusammen sind, bin ich in ihrer Mitte."

Da sprach er von einer bestimmten Voraussetzung, die gegeben sein muß, damit die Jünger seine Gegenwart erleben. Diese beiden Aussagen gehören zusammen; so wie die Luft immer und überall um uns ist und wir ohne sie nicht leben könnten, sie aber dennoch kaum oder gar nicht beachten, außer sie ist schlecht oder mangelt uns, so ist das Lebenselement des Christus immer um uns. Wir bemerken es nicht, außer wenn es uns mangelt.

Wir leben z. B. ständig im Element des Vertrauens. Es ist uns das gar nicht bewußt, aber wir vertrauen, daß nach jeder Nacht wieder Tag, nach jedem Winter Frühjahr wird. Wir vertrauen auf die Vorgänge unseres Leibes, darauf, daß die Erde uns trägt, und auch auf viele Gegebenheiten der Seele und des Schicksals. Vertrauen ist eine Wesensqualität des Christus um uns. Wenn es uns ausgeht wie die Luft, dann meinen wir seelisch ersticken zu müssen, dann bemerken wir, daß wir von ihm gelebt haben. Aber im allgemeinen leben wir im Vertrauen, in Hoffnungen und in vielen Qualitäten der Liebe so unbewußt, wie wir leiblich in der Luft leben.

Erst wenn die Luft sich zur Wolke, zum Nebel verdichtet, wird sie uns bewußt. Heutzutage wird manchmal der Ausdruck gebraucht: Das war ein sehr dichtes Gespräch, oder: Da ist es sehr dicht zwischen uns gewesen. Auch das Wort „dichten" hat etwas von dieser geistigen Dichte. Das Gefühlte, Gedachte, Geahnte wird ins Wort, in die Sprache hinein verdichtet. Solche seelisch-geistigen Verdichtungen der Atmosphäre, in der Christus immer bei uns ist, sind die Wolken, in denen er aufmerksamen Menschen zum Erlebnis wird als der, der in ihrer Mitte ist, in der Herzensmitte des einzelnen und in der Mitte mehrerer.

Noch einen weiteren Hinweis gibt Matthäus, indem er sagt, daß Christus die Jünger nach Galiläa, an den Ort ihrer ersten Berufung geführt hat. Galiläa war das Land seiner Kindheit. In Nazareth ist er aufgewachsen, und dieses nördliche Gebiet Palästinas um den See Genezareth herum hat etwas Paradiesisches, Frühlingshaftes. So schildert es Emil Bock,* und jeder, der dorthin kommt und sich nicht von den Kriegsverhältnissen im Erleben der Landschaft beirren läßt, kann heute noch den Zauber dieser Gegend bemerken, ganz anders als der Süden Israels, Judäa mit seiner Wüste. Das ist das Sterbe- und Todesland

* siehe Emil Bock: „Die drei Jahre", Stuttgart [8]1992

Jesu. Auch die Jünger stammen zum großen Teil aus Galiläa. Dort haben sie erlebt, wie sie aus Fischern zu Menschenfischern berufen wurden.

In Galiläa haben die Jünger ihre ureigensten Entschlüsse ergriffen, mit denen sie schon durch die Geburt in dieses Erdenleben eingetreten waren. Dorthin also, wo all ihr Erdenwirken begonnen hatte, wurden sie gerufen. Äußerlich können sie gar nicht dort gewesen sein. Es wird ja gesagt, daß sie all die Tage bis zum Pfingstfest in und um Jerusalem weilten. Lukas gibt genau den geographischen Ort der Himmelfahrt an: „in der Nähe von Bethanien" (Luk. 24). „Auf dem Ölberg", schreibt er in der Apostelgeschichte (Kapitel 1). Matthäus erzählt gar nicht das äußere Geschehen, vielmehr den inneren Prozeß, der durchgemacht werden muß, um auch in allen späteren Zeiten seine Gegenwart zu erleben. Wir Menschen müssen uns an den Ort begeben, wo wir unsere vorgeburtlichen Entschlüsse finden, wo wir immer wieder eintauchen in die Sphäre, aus der unsere Lebensaufgabe, unsere innere Sendung, unser ursprünglicher Schicksalswille stammt. Das ist kein geographischer Ort. Das ist der Ort seelischer Verdichtung, seelischer Wolkenbildung. Oft geraten wir hinein wie der Wanderer im Hochgebirge. Dann sehen wir erst einmal gar nichts mehr, tun am besten daran, still zu warten, bis die Wolke als Nebel vorübergezogen ist, wir könnten sonst abstürzen. Wenn sie aber weitergezogen ist oder sich ausgeregnet hat, liegt das ganze Land und liegen all seine Wege klarer vor uns als zuvor. Es kann ein schweres Schicksal sein, es kann auch die innige Verschmelzung mit einem anderen Menschen sein, die uns in die Wolke hüllen und uns die Sicht rauben kann. Aber daraus gehen wir als solche hervor, die das Land ihres

Lebens so klar und frisch vor sich sehen, wie es war, als wir es betraten. Wir sehen wieder, wohin wir wollten. Wir ergreifen das Gespräch und wandern wieder. Unser Ziel ist zugleich Anfang und Endes des Weges, ja der Weg selbst ist schon Ziel.

Wer aufmerksam ist in den Stunden, in denen er die Intention seines Lebens ergreift, in denen er in sein Galiläa tritt, in das Land seiner Kindheit und Vorgeburt, dorthin, wo er zum erstenmal seine Sendung empfing, der bemerkt, daß da nichts mehr zufällig ist, daß da innere Zusammenhänge walten. Er bemerkt sogar, daß da etwas aus Liebe geschieht, daß da ein Liebender ist, der ihn zu sich zurückrufen will, zu sich selbst und zu ihm selbst zugleich. Er mag es nennen, wie er will, aber er erlebt die Gegenwart dessen, der sagt: „Ich bin bei euch alle Tage", und auch: „Wo zwei oder drei meinem Namen entsprechend" – dem Namen „Anfang", dem Namen „Wort Gottes", dem Namen „Ich bin" entsprechend – „zusammen sind, bin ich in ihrer Mitte."

Markus schildert einen anderen Aspekt der Gegenwart und Wiederkunft Christi (Mark. 16). Er schildert, wie der Herr zu ihnen kam, als sie beim Mahl saßen. Er ruft sie nicht zum Berg, sondern tritt in ihren Innenraum. Erst schilt er ihren Unglauben, ihres Herzens Härte, die die Nachricht nicht an sie hat herankommen lassen, daß er auferstanden sei. Dann erteilt er ihnen auch den Auftrag zu predigen, zu taufen und zu heilen und gibt ihnen die Verheißung, daß er in all ihren Taten mitwirken wird. Danach sehen sie, wie er in die Sphären des Himmels übergeht und zur Rechten Gottes thront, von wo aus er die göttlichen Taten durch die ihm dienenden Menschen auf Erden verrichtet.

Markus schildert das Erlebnis, das Menschen haben, wenn Christus in ihr Inneres eintritt. Das erste ist ein innerer Vorwurf. Wir merken, daß es mit uns nicht stimmt. Wir fühlen, daß die Behausung, in die er eintritt, nicht in Ordnung ist, krank ist. Die Selbstvorwürfe können so stark sein, daß wir sie erleben wie ein Gebrochenwerden. Und es wird auch manches gebrochen, z. B. Starrsinn, Hochmut, Besserwisserei, Selbsttäuschung und vieles mehr, das uns gehindert hat, die Wahrheit des eigenen Wesens zu sehen. Aber ohne dieses Brechen, das Christus auch damals mit seinem Vorwurf des Unglaubens an den Jüngern vollzog, ist der Mensch nicht in der Lage, ihn so in sich aufzunehmen, daß er durch ihn wirken kann – so wie die Hostie am Altar gebrochen werden muß, um Vermittler und Leib des Christus zu werden.

Dann aber schildert Markus, wie das Tatchristentum beginnt. Aus dieser Botschaft hat sich der Satz des Bekenntnisses gebildet: „Sitzend zur Rechten Gottes", oder im Wortlaut des erneuerten Bekenntnisses: „Er ist seit dieser Zeit der Herr der Himmelskräfte auf Erden und lebt als der Vollführer der väterlichen Taten des Weltengrundes." Er ist also die rechte Hand Gottes, und man kann das Wort „rechte" im zweifachen Sinn hören, als die rechte, die tätige, aktive Hand und als die rechte, die richtige, wahre Hand Gottes. Woran aber können Menschen erkennen, daß Christus in ihren Taten lebt, ihr Wirken begleitet? Wir können auf verschiedene Weise mit dem, was wir tun, verbunden sein. Ein Mensch kann etwas tun und dabei innerlich völlig unbefriedigt sein. Es läßt ihn gleichgültig, ob es jemandem nutzt oder nicht, er tut es, weil es von ihm erwartet wird, weil er davon lebt, aber er verbindet sich nicht mit dem, was er tut.

Das andere Extrem dazu ist, daß ein Mensch besessen ist von dem, was er tut. Er muß damit etwas erreichen, zum Fortschritt der Menschheit, zum eigenen Ruhm. Die Arbeit verfolgt ihn bis in den Schlaf. Er kann nicht eher aufhören, als bis er es geschafft hat, auch dann noch, wenn er sieht, daß es nicht gut oder gar nicht gemeint ist oder gar nicht geschafft werden sollte. Er bekommt von außen und innen Hinweise aufzuhören, aber er kann nicht mehr aufhören. Es ist nicht mehr er selbst, der über ihn bestimmt.

Von beiden Taterfahrungen gibt es vielerlei abgeschwächte Formen. Aber sie sind nicht durchdrungen von dem den Menschen begleitenden Christuswirken. Wenn ein Mensch weder unbeteiligt noch besessen seine Arbeit tut, was immer es sei, sondern wenn er, wie die Sprache sagt, ganz bei der Sache ist, ist er beteiligt, ohne besessen zu sein. Die Sache, um die es geht, bestimmt sein Tun. Das Gleichnis vom barmherzigen Samariter zeigt, was gemeint ist. Da ist einer von Räubern überfallen worden und liegt stöhnend am Wegrand. Der Levit, der vorüberkommt, ist gleichgültig. Der Pharisäer, der vorüberkommt, ist besessen von seiner Pflicht, rechtzeitig in den Tempel zu kommen. Der Samariter reagiert der Sache gemäß. Die Schmerzen und das Geschick des Überfallenen rühren sein Herz. Er sieht, was gebraucht wird: etwas, um die Wunden zu reinigen – er nimmt Wein; etwas, um sie zu salben – er nimmt Öl; etwas, um sie zu verbinden – er nimmt eigenes, ein Hemd, ein Tuch, aus dem er Binden machen kann. Er legt den Verletzten auf sein Lasttier, bringt ihn zu einem Wirt, bezahlt diesem, was er braucht, um den Mann gesund zu pflegen. Dann geht er wieder seinem eigenen Leben nach. Er war ganz bei der Sache, die ihm das Leben geschickt hat. Und das erzählt Christus als ein Beispiel der

Nächstenliebe. Er schließt diese Geschichte mit den Worten: „Wer war der Nächste dem, der unter die Räuber fiel?“ Und die Antwort lautet: „Der, der ihm die Barmherzigkeit erwies.“

Also nicht darum geht es, daß wir unserem Nächsten barmherzig sind. Nicht der Verwundete wird als der Nächste des Samariters bezeichnet, sondern der Barmherzige ist der Nächste dem Bedürftigen, denn in ihm wirkt mit, der jedem Menschen der Nächste ist, weil er mit jedem fühlt und jeder Mensch „seine Sache“ ist. Wenn wir das Gleichnis vom barmherzigen Samariter genau nehmen, ist es nicht nur eine rührende Geschichte, sondern zeigt uns, in welchen Taten Christus der Wirkende ist. In solchen, in denen wir so darinnen leben, daß wir uns von der Situation, in der es um den Menschen geht, für den wir der Nächste sind, sagen lassen, was zu tun ist, weder gleichgültig, noch fanatisch.

Sooft wir einem oder vielen Menschen der Nächste sind, wirkt der Nächste aller Menschen, auch unser eigener unsichtbarer Nächste, durch uns. Das ist der Aspekt der Gegenwart Christi, den Markus ausspricht mit dem Bild des zur Rechten Gottes Thronenden und der Verheißung, daß er durch seine Mitwirkung in den Taten der Jünger ihren Weg bezeichnen wird.

Matthäus und Markus schildern Himmelfahrt als ein inneres Erlebnis. Die Ortsangaben, Berg und Innenraum, sind ein Bild dafür. Lukas ist der einzige, der den Ort angibt, an dem das Ereignis äußerlich stattgefunden hat. Wir haben schon darauf hingewiesen. Die erste Begegnung mit dem Auferstandenen beginnt in einem Raum. Er tritt noch einmal durch verschlossene Türen zu ihnen, zeigt ihnen seine Wundmale und legt ihnen die Schrift aus. Er führt das Erlebnis seiner Leibhaftigkeit noch zur letzten Höhe, indem er die Jünger um etwas zu essen bittet. Sie reichen ihm Honig und Fisch. Seine neue Leiblichkeit verbindet sich mit der Erdennahrung, bevor sie in eine andere Seinsgestalt übergeht. Danach führt er sie in die Nähe von Bethanien. Indem er sie segnet, wird er vor ihren Augen emporgehoben.

In der Apostelgeschichte erzählt Lukas, daß die Jünger die Botschaft bekamen, er würde in der gleichen Art, wie er aufgehoben wurde, wiederkommen. Das heißt, daß er im Vollzug des Segnens und in der Sphäre, die mit Wolke ins Bild gebracht wird, für uns Menschen erlebbar wird. Welchen Aspekt des Wiederkunftserlebnisses meint Lukas damit? In dem gedruckten Vortrag von Friedrich Benesch „Das Ereignis der Himmelfahrt Christi" kann man nachlesen,* wie alle vier Elemente zusammenwirken müssen, auch das Erdenelement, damit eine Wolke entstehen kann, und daß es Wolken gibt, die aus dem Dunst entstehen, der aus den Gewässern der Erde aufsteigt, andere, die sich aus dem Kosmos heraus bilden.

Was da in der äußeren Natur geschieht in der Wolkenbildung, das geschieht auch im Seelischen. Es gibt auch dort die vier Elemente. Die Sprache sagt es deutlich. Sie spricht von „festem Boden unter den Füßen", „den Grund kennen", „sich auf schwankendem Boden befinden", „unerschütterlich sein", „felsenfestes Vertrauen" haben. Das sind Ausdrücke vom Erdenelement in der Seele. Die Sprache ist „fließend", die Rede „strömend", „sprudelnd", „überströmende Gefühle", „erquickendes Ge-

* siehe Friedrich Benesch: „Das Ereignis der Himmelfahrt Christi", Stuttgart [4]1987

spräch“, „Wortestrom“, „Sprachquelle“ zeugen vom Wasserelement in der Seele. Das Luftelement erleben wir in der „seelischen Atmosphäre“. Es gibt da „reine“ und „unreine“, „dicke“ und „dünne Luft“. Es gibt „Seelenstürme“ und „Flauten der Seele“. „Feuer der Seele“ erleben wir in der Liebe und im Zorn, im Opfer, im „brennenden Herzen“. Man könnte noch viele Worte nennen, die Ausdruck sind für die vier Elemente in der Seele.

Soll sich die Wolke für die Wiederkunft Christi in unserer Mitte bilden, dann müssen auch da die vier Elemente zusammenwirken, aber nicht irgendwie, sondern im Sinne des Segnens. In einem segensreichen Zusammenwirken kann er erkannt werden. Menschen sind z. B. in Not, in Ratlosigkeit und Tatenohnmacht. Einer unter ihnen hat das felsenfeste Vertrauen, daß alles, was sie jetzt durchmachen, einen Sinn, einen Platz im Ganzen hat, auch wenn er es noch nicht klar erkennen kann. Durch das Vertrauen des einen regt sich in anderen Opferbereitschaft, Durchhaltekraft.

In ihrer Sprachlosigkeit stellt sich plötzlich das rechte Wort ein der Zuversicht, der Hoffnung, das eine gute Atmosphäre schafft. Sie können innerlich aufatmen. Einer hat eine neue Idee, die allen ihre eigene zu sein scheint. Es geht ihnen ein Licht auf. Sie sehen sich wieder hinaus. Es ist ihnen, als ginge in ihrem gemeinsamen, festgefahrenen Schicksal wieder eine Tür auf, und der Weg, den sie sich geführt sehen, bringt sie zu dem Erleben innerer Freiheit. Hinterher scheint alles, was geschah, wunderbar und selbstverständlich zugleich zu sein. Immer wieder geschehen in gemeinsamen großen oder kleinen Schicksalszusammenhängen solche selbstverständlichen Wunder, solche wunderbaren Selbstverständlichkeiten.

Nicht immer wird bemerkt, daß da ein Segnender in ihrer Mitte ist, der in der Wolke erscheint, die sich aus dem Zusammenwirken ihrer Seelenelemente gebildet hat. Es können auch freudige Erlebnisse sein, in denen das geschieht: eine große Musik, die geistig zwar immer da ist, sich aber in der Aufführung durch die Seelenelemente der Musiker und der Zuhörenden verdichtet, in einem anderen Kunsterleben, in Augenblicken großer Menschlichkeit, oder wenn eine Gemeinde die Wahrheit christlicher Kommunion erfährt. Wer den Segen im Leid erfährt, der erlebt die Wolke, die sich aus den Elementen bildet, die von der Erde aufsteigen. Wer den Segen in der Freude erfährt, erlebt die Wolke, die sich aus dem Kosmos bildet.

In der Konfirmation der Christengemeinschaft wird Christus genannt: der Tröster im Leiden und der Spender der Freuden. Als solcher segnet und bestärkt er die jungen Menschen. Konfirmation heißt: Befestigung – und sie vollzieht sich im Segen. Wir können sie ein Leben lang immer wieder erleben, wenn er uns segnet und er in uns das Werdende, Zukünftige, noch Junge oder ewig Junge befestigt. Wo immer das geschieht, ereignet sich sein Wiederkommen in den Wolken.

Werfen wir noch einen kurzen Blick auf den Schluß des Johannes-Evangeliums. Es spricht weder von der Himmelfahrt noch von der Wiederkunft Christi. Aber es sagt, daß Christus auf die Frage des Petrus, was denn mit dem Jünger sei, den der Herr lieb hat, antwortet: „Wenn ich will, daß er bleibe, bis ich komme, so stört das deine Wege nicht. Du folge mir nach." Was ist gemeint mit dem Ausdruck, „daß er bleibe, bis ich komme"? Es wird ausdrücklich noch hinzugefügt, daß Christus nicht gesagt hat: „dieser Jünger stirbt nicht", sondern: „wenn ich will, daß er bleibe, bis ich komme". Es ist dies ja der Jünger, der die Offenbarung, die Apokalypse, das letzte Buch der Bibel, schauend und hörend empfangen hat. In dieser Offenbarung hat er Christus erlebt, wie er in Zukunft den Menschen erlebbar wird.

Johannes durfte damals die Wiederkunft Christi schauen, durfte bis ins tiefste davon erschüttert und ergriffen werden. Er berichtet, daß er wie ein Toter zu seinen Füßen niederfiel und von ihm aufgerichtet wurde, bevor er dem Erleben gewachsen war. Er hat es später aufgeschrieben, und jedes Zeitalter kann diese Bilder auf seine Weise in sich wiedererkennen. Die Menschheit muß aber erst fähig werden, aus der Offenbarung Christi zu leben. Der zentrale Gottesdienst der Christengemeinschaft beginnt mit dem Aufruf, diesen „aus der Offenbarung Christi" vollbringen zu wollen, aus der Apokalypse Christi, aus dem Erleben des Wiederkommenden.

Erst wenn wir das Himmelfahrtsgeschehen nicht als sein Fortgehen aus der Menschheit auffassen, sondern als ein Übergehen in die Allgegenwart und damit als die Voraussetzung zu seiner Wiederkunft, können wir Gottesdienste, Sakramente, können wir die christlichen Feste so feiern, daß sie nicht mehr nur Erinnerungen sind an etwas, das vor 2000 Jahren geschah, vielmehr so, daß die historischen Inhalte dieser Feste zu Urbildern seines Wirkens im Schicksal der Menschen werden. Das aber kann geschehen, weil er sich heute offenbart, wie er sich einstmals Johannes offenbarte.

Aus der Offenbarung Christi heute wird das Leben Jesu in jedem Menschenleben aktuell. Das will der Widersacher verhindern, der das Himmelfahrtsfest zum Verschwinden bringt, indem er diesen Tag zum Vatertag deklariert. Und viele bemerken diesen Teufelstrick nicht. Die Menschheit darf den tiefen Sinn dieses Festes nicht verlieren, weil sie sonst auch die Gegenwart Christi in den anderen Festen aus dem Bewußtsein verliert und damit die Offenbarung Christi im Schicksal der Menschheit, der Völker und jedes einzelnen Menschen.

So fügt das Johannes-Evangelium dem, was die drei anderen Evangelien in Bildern und Gedanken ausführen, den tiefen Wunsch des Christus hinzu, daß der wahre Jünger bleibe, bis er kommt. Jeder Christ hat nicht nur Petrus, Thomas und die anderen aus dem Zwölferkreis in sich, sondern auch den Jünger der Zukunft, den der Herr lieb hat und von dem er will, daß er bleiben möge, bis er kommt.

Die Stimme des Gewissens und die Sprache des Geistes

*I*mmer wieder kommen Menschen in die Lage, daß von ihnen etwas erwartet wird, das gegen ihr Gewissen geht. Der eine sagt: „Ich kann mich nicht gegen mein Gewissen entscheiden." Der andere sagt: „Ich habe mit meinem Gewissen ein Abkommen getroffen, daß wir uns gegenseitig nicht stören wollen."

Wenn es sich um persönliche moralische Verfehlungen handelt, wissen die Menschen meistens noch gut, daß sie gegen ihr Gewissen gelogen, betrogen, jemanden ungerecht behandelt, sich feige angepaßt haben. Jeder hat dann zwar die Neigung, sich zu verteidigen, die Schuld bei anderen zu suchen, aber da ist in der Tiefe noch die Stimme des Gewissens. Man versucht nur, sie mit allen Mitteln zu übertönen, und es kann auch geschehen, daß sie zum Verstummen gebracht wird. So wie ein Mensch nur Sprechen lernt in einer sprechenden Umgebung, so bildet sich das sprechende Gewissen auch nur in einer Umgebung, in der es gepflegt und geübt wird.

Ein Kind lernt nicht sprechen, wenn keiner mit ihm spricht, und es bildet kein Gewissen aus unter gewissenlosen Menschen. Dann kann es sich auch nicht zu einer Persönlichkeit entwickeln. Denn diese braucht, um sich darzuleben, ihre Sprache und ihr Gewissen.

Außer den Situationen, in denen die persönliche Moral des Menschen herausgefordert ist, gibt es noch andere, Situationen schwieriger Gewissensentscheidungen. Sie treten immer dann ein, wenn mehrere Menschen davon betroffen sind, wenn es um das Wohl, das Recht, die Zukunft einer ganzen Gemeinschaft geht. Im Hitlerreich gab es den Wahlspruch: „Ich bin nichts, mein Volk ist alles." Wohin das führt, wenn das Gewissen des einzelnen zugunsten der Gesamtheit nichts mehr gilt, haben wir gesehen. Da kann man natürlich einwenden, daß es ja gar nicht zugunsten des Volkes war, sondern zugunsten der Macht einiger weniger, die in ihrer Besessenheit ein ganzes Volk besessen gemacht haben.

Es gibt aber andere Situationen, über die der einzelne anders denkt als die Gemeinschaft, der er angehört. Er meint, nach seinem Gewissen handeln zu sollen, und die anderen Glieder der Gemeinschaft nehmen das gleiche für sich in Anspruch. Jeder will sich nach seinem Gewissen richten, das aber mit dem Gewissen der anderen nicht übereinstimmt. Das kann in Berufs- und Betriebskollegien geschehen, in einer Familie, Ehe, Freundschaft, das kann in Kirchen und Religionsgemeinschaften, in Politik und Rechtsleben geschehen, überall dort, wo Menschen zusammen leben und schaffen wollen. Gerade dann, wenn nicht Macht, Besitz und andere Triebe im Spiel zu sein scheinen, sondern wirklich jeder das Wohl des Ganzen will, ist die Not des Gewissens besonders groß. Der eine sagt: „Es ist besser, in Gemeinschaft das Falsche zu tun, als daß ein einzelner ohne die Gemeinschaft das Richtige tut." Ein anderer sagt: „Ich kann nicht gegen mein Gewissen handeln. So muß ich mich denn schweren Herzens von der Gemeinschaft lösen." Ob der einzelne oder die Gemeinschaft im Recht war, das stellt sich oft erst sehr spät heraus.

Es kann auch sein, daß der einzelne sehen muß, wie er sich getäuscht hat, daß er, wie er meint, sich auf sein Gewissen nicht verlassen konnte, oder daß die Gemeinschaft einsehen muß, wie der einzelne recht hatte. Kann man in dieses Verhältnis von Gewissen des einzelnen zum Handeln aus Gemeinschaft Klarheit und Sicherheit bekommen?

Das Urbild dafür ist die Pfingstgeschichte (Apostelgesch. 2). Da wird erzählt, wie die Jünger zur gemeinsamen Andacht versammelt waren. Plötzlich hörten sie ein gewaltiges Brausen, das das ganze Haus erfüllte. Dann sahen sie über dem Haupt eines jeden von ihnen Feuerzungen, eine Flamme, die geteilt über den einzelnen verweilte. Die Menschen, die zum Pfingstfest in Jerusalem zusammengekommen waren, wurden auch von dem Brausen in der Luft herbeigezogen und erlebten nun, wie die Apostel in einer Sprache sprachen, die alle verstanden, ganz gleich, aus welchem der vielen Völker sie stammten.

Es wird gesagt, daß die Jünger so vom heiligen Geist erfüllt waren und die Menschen durch dieses Erleben außer sich gerieten und fragten: „Was soll daraus werden?" Einige erklärten sich das Erstaunliche sehr schnell mit Betrunkenheit. Doch ließen sich an diesem Tag aufgrund dieses Erlebnisses 3000 Menschen taufen. Es entstand die erste Gemeinde der Christen. Der Anfang dessen, was die Menschen erfuhren, war ein Hörerlebnis. Es war ein inneres Hören von dem, „was in der Luft lag". Die Atmosphäre in und um Jerusalem war erfüllt von dem, was seit der Kreuzigung Jesu geschehen war. Die Menschen sprachen davon, rätselten hin und wider, bewegten sich zwischen Glauben und Unglauben, waren bereit, Neues zu denken oder nicht. Alle waren irgendwie betroffen und verstanden doch nicht. Es war ein geistiges Brausen in der Luft, das viele vernahmen.

Das zweite war ein geistiges Seherlebnis. Denn die Flammen, die sich niedersenkten, in feurige Zungen teilten und über den Häuptern der Apostel zur Ruhe kamen, waren kein verzehrendes Feuer. Sie waren ähnlich dem brennenden Dornbusch, den einstmals Moses in der Wüste sah und der ebenfalls nicht verbrannte. Aus diesem geistigen Feuer hörte er die Stimme, die sagte: „Ich bin der Ich bin. Sage dem Volk, der Ich-bin hat dich gesandt." Jetzt, am Pfingstmorgen, teilt sich dieses göttliche Ich-bin jedem Jünger einzeln mit. Im Bild der Feuerzunge sieht jeder dasjenige vom Wesen des anderen, was mit dem göttlichen Ich-bin verbunden, durchdrungen ist. Es ist kein äußeres Bild, sondern ein inneres, eine geistgemäße Imagination. Das Brausen ist ein Inspirationserlebnis, ein inneres Hören. Petrus kann dann später in Worte bringen, was alle hören, was in der Luft liegt. Mit seiner Predigt bringt er Geistiges, Inspiration in Menschenworte.

Zuletzt wird ihnen eine Intuition zuteil. Die Menschen hören die Jünger in einer Sprache sprechen, die nicht die ihre ist und die sie dennoch verstehen. Es scheint jedem, als sprächen diese in seiner eigenen Sprache. Sie sind etwas außer sich und in die Sphäre erhoben, in der die Ursprache lebt, die dann äußerlich in verschiedenen Volkssprachen ertönt. Jeder gute Dolmetscher kennt etwas von dieser Erfahrung. Es genügt nicht, daß er lexikographisch Wort für Wort übersetzt, sondern er muß erst tiefer hören, auf das, was der andere mit dem, was er sagen will, über die Worte hinaus meint. Er muß das Gesagte jenseits der Volkssprache verstehen, als empfindungs- und willensdurchsetzten Gedanken. Er muß das Gesagte aus der einen Volkssprache lösen und in das Wortgewand einer ganz anderen Sprache kleiden.

Diese unverhüllte Sprache über dem äußerlich gesprochenen Wort haben damals die Menschen vernommen. Sie waren aus sich heraus und in den Sprechenden hinein versetzt, sie einten sich mit dem übervölkischen Wesen des Wortes, mit dem Logos, dem Gott, der selbst worthaft ist. Der Ansatz neuer geistiger Fähigkeiten, Inspiration, Imagination und Intuition, ermöglichte den Menschen eine neue Gemeinschaftsbildung. Jeder folgte seinem individuellen Gewissen, als er sich taufen ließ. Die innere Stimme des einzelnen war zugleich die innere Stimme der Gemeinschaft. Da hatte die Zukunft der Christen-Gemeinschaft begonnen, eine Gemeinschaft, in deren Mitte und zugleich in der Mitte eines jeden einzelnen Christus als das innere Wort spricht.

Nun müssen wir uns ja eingestehen, daß ähnliches in einer heutigen Gemeinschaft von Christen oder auch Andersgläubigen sehr selten geschieht. Wir haben uns angewöhnt, Meinungen, Empfindungen, eigene Impulse und Intentionen für Gewissen zu halten. Dann steht Meinung gegen Meinung, Vorhaben gegen Vorhaben, Gefühl gegen Gefühl. Aus diesen Subjektivitäten sucht man dann nach der objektiven Instanz und setzt die Gemeinschaft dafür ein, d. h. aber einfach die Meinung und Entscheidung der Mehrzahl oder der Mächtigeren. Wie können wir uns in solchen Situationen dem Pfingstbild nähern?

Erst einmal gilt es, darauf zu lauschen, was in der Luft liegt. Viel unheiliger Geist liegt in der Luft. Aber den erkennen wir immer daran, daß er Zwang ausübt, sich uns überstülpt, so daß wir nicht mit freien Ohren hören, sondern immer gedämpft und entstellt von dem Übergestülpten. Wir müssen erst lernen, uns von dem, was in der Luft liegt, etwas sagen zu lassen, statt es uns überstülpen zu lassen. Mancher läßt sich Fremdenhaß überstülpen, mancher die Mißachtung des eigenen Volkes. Was sagt uns aber sowohl das Verhalten des einen wie das des anderen?

Vielleicht sagt es uns, daß eine große Wandlung in der Luft liegt, auf der einen Seite vom Volk zum einzelnen und auf der anderen Seite vom Volk zur Menschheit. Die einen wehren sich und wollen das Volk bewahren. Die anderen wollen das Menschheitliche auf Kosten des Volkstums so schnell wie möglich erreichen. Es scheint, als kämpften die beiden extremen Haltungen gegeneinander. In Wahrheit stecken Mächte dahinter, die das geistgemäße Menschentum verhindern wollen, in dem die Völker Träger und Werkzeuge des Menschheitlichen sind und jedem einzelnen zu dem Recht verhelfen, er selbst zu sein. Es ist dies ein langsamer, durch viele Jahrhunderte sich entwickelnder Prozeß.

Die beiden Mächte, die sich anscheinend bekämpfen, arbeiten in Wirklichkeit Hand in Hand, um diesen Prozeß zu verhindern; der eine, indem er ihn aufhalten, der andere, indem er ihn beschleunigen will. Es liegt in der Luft, daß es heute um Menschentum im einzelnen und in den Belangen der Menschheit geht. Sogar die Äußerungen des Ungeistes können nicht anders, als davon sprechen – zu denen, die Ohren haben, das zu hören. Man könnte noch viele andere Beispiele anführen.

Die erste Voraussetzung, das eigene Gewissen mit dem Weltgewissen in Einigkeit zu bringen, ist dieses Hören von dem, was in der Atmosphäre liegt. Aber das genügt nicht. Wir müssen lernen, uns ein wahres Bild zu machen vom Wesen einer Sache, einer Situation, eines Ereignisses. Und dieses Bild darf nicht fest sein, nicht festgestellt, wir dürfen selbst nicht darauf fixiert sein, sondern dieses innere Bild muß lebendig, beweglich sein. Es muß immer wieder neu hervorgerufen, neu ge-bildet werden.

Die englische Sprache sagt: Ich habe eine Vision, ein Bild davon, daß jetzt dies oder jenes geschehen müßte, daß ich etwas Bestimmtes dazu beitragen kann. Ich will mich also z. B. um bestimmte hilfsbedürftige Menschen kümmern, um Jugendliche, die ihren Beruf noch nicht gefunden haben, um Menschen, die im politischen Untergrund leben und religiöse Nahrung suchen, oder vieles andere mehr. Es gibt Argumente dagegen. Ich beziehe sie alle mit ein in das Bild, das ich mir er-bilde. Ich achte auf die Fügungen, die sog. Zu-Fälle in diesem Zusammenhang, bis ich innerlich deutlich vor mir sehe, was zu tun ist. Aber ich muß mich hüten zu meinen, das gälte nun ein für alle Mal für alle ähnlichen Situationen: Allen Jugendlichen müßte bei der Berufsfindung geholfen werden, allen Menschen im politischen Untergrund sollte religiöse Hilfe zuteil werden usw. Nur solange ich „im Bilde" bleibe über das, was immer neu zu entscheiden ist, kann mein Gewissen im Einklang sein mit dem Weltgewissen, erlebe ich das Tun aus mir selbst als ein Tun aus dem Geist, der heilt, der ganz macht. Die Flamme über dem einzelnen stammt aus dem Feuer des gemeinsamen heiligen Geistes.

Die dritte Voraussetzung, um Pfingstliches erfahren zu können, ist das Sprechen der eigenen Sprache. Wir sprechen von Eigenartigem, wenn wir etwas Ungewöhnliches meinen, das nicht der Norm entspricht. Zugleich sagt das Wort, daß es der eigenen Art, dem eigenen Wesen entspricht. Ein eigenartiger Mensch ist anders als andere und ist doch ganz er selbst, es sei denn, seine Eigenartigkeit besteht gerade darin, wie ein anderer sein zu wollen. Da wird das Wort zu einem Widerspruch in sich selbst.

Zum Eigenartigen eines Menschen gehört sein Sprechen. Das kann auch in diesem doppelten Sinn eigenartig sein. Da kann es vorkommen, daß er die Sprech- und Ausdrucksweise eines anderen Menschen übernimmt, daß schwer zu verstehen ist, was er meint, weil er es selbst nicht ganz durchdringt, oder daß es langweilt, weil es nachgeredet ist. Wenn ein Mensch seine eigene Sprache spricht, übernimmt er nicht Redeweisen anderer, sondern holt sein Sprechen aus dem Wort, das noch über dem Ausgesprochenen lebt, aus dem Wortbereich, aus dem alles Sprechen stammt, bevor es in die äußere Sprache eingeht.

Man muß ein wenig über sich hinauswachsen, um in die Sphäre des Beschriebenen zu gelangen, die wir Überwort nennen können. Dort verschmelzen die einzelnen Sprachen der Menschen zu einer Sprache, in der sie einander verstehen. Etwas davon tritt ein, wenn ein Mensch von einem anderen sagen kann: Ich verstehe mich mit ihm, oder: Wir verstehen uns. Es tritt auch dann ein, wenn Menschen in einer Situation die Worte fehlen, wenn sie nicht mehr wissen, was sie sagen sollen, ihnen die Sprache wegbleibt. Im Schweigen und Ohnmachtserleben wachsen sie über sich hinaus, und plötzlich findet einer für alle das erlösende Wort, das aus ihrer gemeinsamen Sprachlosigkeit hervorgegangen ist.

Das kann auch heute noch eintreten unter Menschen, die die Volkssprache des anderen nicht verstehen. Wie ein guter Pantomime sich in der Gebärdensprache so ausdrücken kann, daß ihn alle verstehen, so kann auch der heilige Geist durch das Schicksal so sprechen, daß er von allen verstanden wird, die ihn verstehen wollen und über den Sprechenden nicht spotten, er sei betrunken. Wo es uns Menschen also möglich wird zu hören, was in der Luft liegt, brausend wie ein mächtiger Wind, uns ein Bild zu machen von dem, was jetzt zu entscheiden ist, und zu prüfen, ob die Feuerzunge des Ich darin lebt, wo es gelingt, die eigene Sprache zu sprechen oder zu verstummen, weil das allen gemeinsame Überwort im Schicksal sprechen will, da beginnt Pfingsten heute. Da kann die Gemeinschaft die Stimmen der Gewissen einzelner in sich gelten lassen.

Aber woran können die Mitglieder einer Gemeinschaft erkennen, ob es sich bei dem einzelnen schon um diese Gaben des heiligen Geistes handelt? Behaupten kann das ja jeder, und es kann doch ein Ungeist sein, der durch den einzelnen die Gemeinschaft fehlleiten will. Wer selbst nicht vernimmt, was in der Atmosphäre braust, nicht sieht, was die Flamme des Ich ins Bild bringt, die eigene Sprache noch nicht gefunden hat, die ihn mit dem Überwort verbindet, wie soll er wissen, ob der andere der Gemeinschaft Heil oder Unheil bringt? Er kann es nicht wissen. Aber er kann wissen, daß es nicht darum geht, alles richtig zu machen, sondern darum, aus Fehlern zu lernen. Er kann wissen, daß das Risiko ein Bestandteil der Freiheit ist, nach der das Menschengeschlecht strebt. Und er kann vertrauen auf das, was der weise jüdische Lehrer Gamaliel den verunsicherten Führern der Juden sagte. Diese wußten nicht, ob sie die Apostel, die nach ihrer Meinung das Volk zu einem falschen Glauben verführten, gefangennehmen sollten oder nicht (Apostelgesch. 5). Gamaliel gab ihnen den Rat: „Laßt ab von diesen Männern und gebt sie frei. Entweder stammt ihr Wollen und Wirken aus menschlichen Quellen, dann wird es untergehen; oder aber es stammt aus göttlichem Willen, dann werdet ihr nichts gegen sie ausrichten können und steht am Ende als solche da, die gegen Gott kämpfen."

Der einzelne, der seinem Gewissen eher folgen will als dem Willen der Gemeinschaft, muß prüfen, ob er Hochmut unterscheiden kann von der Kraft und Gnade, über sich hinauszuwachsen. Nur wer über sich hinauswächst in die Sphäre des Überwortes, wo er innere Bilder und Klänge zugleich zu erzeugen und zu empfangen vermag, findet sein Gewissen im Einklang mit dem Weltgewissen, mit dem heiligen Geist. Dann kann die ganze Welt gegen ihn sein, auch die Gemeinschaften, denen er angehört. Er darf darauf vertrauen, daß sie eines Tages erkennen werden, wem er dient, wessen Apostel er ist. Und die Gemeinschaft braucht nicht gegen ihn vorzugehen, denn auch sie darf auf den Rat des weisen Gamaliel vertrauen: „Ist ihr Tun bloß menschlich, wird es untergehen; ist es von Gott, könnt ihr nichts dagegen tun." Wo auf beiden Seiten, vom einzelnen wie von der Gemeinschaft, solches Vertrauen geübt wird, dürfen auch Risiken eingegangen, Fehler gemacht werden. Sie dienen dann dem Menschen auf seinem Weg zum Pfingstgeschehen, dem Weg der Schulung neuer Fähigkeiten, geistig zu hören, zu sehen und mit dem sich zu vereinen, dem eine Christengemeinschaft sich öffnen will, dem ihre Apostel dienen wollen.

Die Angst, die viele geistig verantwortliche Menschen haben, sie könnten Fehlentscheidungen treffen, diese Angst hindert sie daran, sich mit den Engeln der einzelnen und dem Engel der Gemeinschaft im Bunde zu erleben. Sie sind Hüter des Gesetzes, wie es damals die frommen Juden waren. Im Dienste des guten Hirten stehen sie nicht. Erst wenn sie statt der Angst Vertrauen zulassen dort, wo sie nicht in der Welt wirken, sondern im Reiche dessen, der die Welt überwunden hat, erst dann werden sie erfahren, daß jeder, der in Übereinstimmung mit sich selbst lebt, auch übereinstimmt mit jedem anderen, für den das zutrifft, und daß daraus eine Gemeinschaft erwächst, die jedes Menschen Eigenheit aufnehmen kann, weil sie zu dem Eigenen gehört, von dem der Johannesprolog sagt: „Er kam in sein Eigenes."

Rudolf Steiner übersetzt diese Stelle: „Bis zu den einzelnen Menschen kam es (das Wort, das ein Gott war), aber die einzelnen Menschen, die Ichmenschen, nahmen es nicht auf. Die es aber aufnahmen, die konnten sich durch es als Gottes Kinder offenbaren." Die einzelnen, die ihn aufnehmen, sind sein Eigenes, und das ist Pfingstgemeinschaft, Christengemeinschaft. Wie das erste Pfingstgeschehen sich ereignete, als die Jünger in Andacht und Gebet versammelt waren, so wird durch alle Zeit gemeinsame Andacht und Gebet die Vorbereitung sein für das Wirken des heiligen Geistes.

Mensch sein – Christ werden

Wir haben die großen Stationen des Erdenlebens Jesu Christi so angeschaut, daß sie zum Urbild wurden für alles, was uns vom Menschsein zum Christwerden an Freuden, Hilfen, Schmerzen, Gefahren, Hinderungen und Förderungen widerfahren kann. Diese Bilder zeigen ihn uns in leiblicher Gestalt. Mit dem Pfingstereignis empfingen Menschen die Gabe, sein Wirken und sein Bei-ihnen-Sein rein geistig zu erleben. Johannes empfing dann in seiner Offenbarung die großen Bilder für das zukünftige Wirken des Christus auf der Erde, das sich leibfrei im Geistigen zutragen wird. Es geht auch da um den Menschen und die Erde, um Kämpfe und Siege, um Untergänge und Aufgänge, um Nöte, Jubel und Frieden.

Nicht in irdischen, sondern in kosmischen Bildern werden diese zukünftigen Ereignisse geschildert. In der Mitte seines Buches (Apok. 12) beschreibt Johannes das dramatische Bild, in dem das Schicksal der Menschheit untrennbar vom Schicksal jedes einzelnen Menschen erscheint und Christus als der geistige Führer beider. Mit diesem Bild wird das Erdenleben Christi in leiblicher Gestalt fortgesetzt in das Leben Christi mit Erde und Mensch in geistiger Gestalt.

„Und es zeigte sich dem schauenden Blick ein erhaben-großes Bild im Geistgebiet: ein Weib, mit der Sonne bekleidet, den Mond unter ihren Füßen, das Haupt mit der Krone der zwölf Sterne gekrönt. Und sie war schwanger und schrie in den Wehen und Schmerzen des Gebärens.

Und ein zweites Bild erschien im Himmel: Siehe, ein großer, feuerroter Drache mit sieben Häuptern und zehn Hörnern. Auf seinen Häuptern trug er sieben Kronen, und mit seinem Schweife raffte er ein Drittel aller Sterne vom Himmel hinweg und warf sie auf die Erde. Und der Drache stand vor dem Weibe, das im Begriffe war zu gebären, um, wenn sie geboren hätte, ihr Kind zu verschlingen. Und das Weib gebar ihr Kind: einen Sohn. Er soll der Hirte aller Völker sein mit dem ehernen Stabe. Und das Kind des Weibes wurde entrückt zu Gott und an seinen Thron. Und das Weib floh in die Wüste. Daß sie dorthin gelangen sollte, war im göttlichen Weltenplane vorbestimmt. Dort sollte sie ihr Leben fristen eintausendzweihundertundsechzig Tage lang.

Und es entbrannte ein Streit in der Himmelswelt. Michael und seine Engel kämpften gegen den Drachen. Und der Drachen kämpfte inmitten seiner Engel. Aber seine Kraft versagte, und so fand sich für seine Schar im Himmel keine Wirkensstätte mehr. Es ward gestürzt der große Drache, die Schlange vom Urbeginn, die zugleich diabolischer und satanischer Natur ist, der Verführer der ganzen Menschheit. Auf die Erde wurde er gestürzt und alle seine Engel mit ihm. Und ich hörte eine große Stimme im Himmel:

Nun ist begründet das Heil und die Kraft und das Reich unseres Gottes, und die Schöpfermacht seines Christus. Gestürzt ist der Verkläger unserer Brüder. Er kann sie nun nicht mehr Tag und Nacht verklagen vor dem Angesichte Gottes. Sie haben ihn besiegt durch des Lammes Blut und durch das Weltenwort, für das sie zeugten. Sie haben nicht ihr Eigensein geliebt und nicht den Tode gefürchtet. Darum frohlocket, ihr Himmel und ihr Sphärenwesen! Wehe aber der Erde und dem Meere: Zu euch ist der Widersacher hinabgestiegen, und er lodert in wütendem Zorn, denn er weiß, daß seine Zeit nur kurz bemessen ist.

Und als der Drache sah, daß er auf die Erde gestürzt worden war, fing er an, das Weib, das den Sohn geboren hatte, zu verfolgen. Da wurden dem Weibe die zwei Flügel des großen Adlers gegeben. Mit ihnen sollte sie in die Wüste fliegen, an den Ort ihrer Bestimmung, wo ihr Leben dreieinhalb Zeiten gefristet werden sollte, fern von dem Angesicht der Schlange. Und die Schlange ließ aus ihrem Rachen hinter dem Weibe her einen Wasserstrom hervorfluten, um es zu vernichten. Da kam aber die Erde dem Weibe zu Hilfe; sie öffnete ihren Mund und trank den Wasserstrom in sich hinein, den der Drache aus seinem Munde hervorschoß. Und der Drache entbrannte vor Zorn gegen das Weib. Er stürmte dahin, um gegen die zu streiten, die von dem Samen des Weibes übriggeblieben waren. Das sind diejenigen, die sich an die göttlichen Weltenziele halten und dem Zeugenschicksal Jesu folgen."*

Das weibliche Wesen in Märchen und Mythen und so auch in der Apokalypse ist immer ein Bild für die Seele. Die Menschenseele wiederholt im kleinen, was der Weltenseele im großen widerfährt. Es geht um die Geburt dessen, der einmal „der Hirte aller Völker" sein wird. Es geht

* Die Offenbarung des Johannes, 12. Kapitel, aus: „Das Neue Testament" in der Übersetzung von Emil Bock, Stuttgart [4]1992

um die Geburt des Kindes, des Werdenden in jedem Menschen. Es geht um das göttliche Ichwesen, das in der Menschenseele heranwächst.

Die Seele, aus der das Christuswesen geboren werden will, ist von besonderer Art. Vom Herzen, von der Mitte strahlt Sonnenhaftes aus. Den Mond hat sie unter ihren Füßen. Er trägt sie. Über ihrem Haupt ist die Krone der zwölf Sterne. Wenn aus der Seele das göttliche Kind geboren werden soll, dann muß sie Sorge tragen, daß ihre Lebensverhältnisse im Sinne dieses Bildes geordnet sein können. Sie hat es mit drei Bereichen zu tun: Mit ihrem ureigensten Seelenbereich, dem Herzensbereich, dessen Wesensausstrahlung Liebe ist. Sie hat es mit den irdischleiblichen Verhältnissen zu tun, von denen sie sich nicht überwältigen und unfrei machen lassen darf, die sie vielmehr beherrschen muß, auf denen sie steht. Und sie hat es mit geistigen Verhältnissen zu tun, mit Schicksal, das über dem Menschen waltet, zu dem er aufschaut als zu seinem Stern.

Die Liebeskräfte der Seele erscheinen im Bild der Sonne, in die das kosmische Weib gekleidet ist. Die Leibesverhältnisse erscheinen im Bild des Mondes. Der Mond bestimmt die Fortpflanzungsprozesse. Das wird deutlich im weiblichen Monatszyklus, in den zehn Mondmonaten der Schwangerschaft. Der Mond beherrscht nach alter und wieder neuer Auffassung die Prozesse des Gehirns. Wie der Mond das Sonnenlicht reflektiert, so das menschliche Gehirn die geistigen Wahrheiten. Sowohl die Geschlechtskräfte wie der Verstand sollten die Seele nicht beherrschen, sondern tragen, ihr die leibliche Existenz ermöglichen. Aus ihren Schicksalssternen kann sich die Seele eine Krone bilden. Die Tatsachen sind gegeben.

Das Horoskop eines jeden Menschen spricht von diesen Gegebenheiten. Aber an ihm liegt es, was er daraus macht, ob er daran arbeitet, ob er sich die Krone der Menschenwürde, die Siegeskrone des Überwindens, die „Krone des Lebens“ daraus schmiedet, die Krone des inneren Königtums. Im Innern einer solchen Seele, die Liebe ausstrahlt, auf den Leibeskräften steht und am Schicksal arbeitet, wächst das Ichwesen heran, das vom Welten-Ich durchdrungen ist.

Aber es lauert schon der Drache, der es gleich nach seiner Geburt verschlingen will. Er ist doppelter Natur. Er hat die Farbe der Leidenschaft, der ungebändigten Gefühle, Feuerrot. Und er hat eine überbetonte Kopfregion, sieben Häupter und zehn Hörner. Mit seinem Schweif rafft er ein Drittel aller Sterne hinweg und wirft sie auf die Erde. Er zeigt das Gegenbild zur kosmischen Seele. Was bei ihr Sonne ist, Liebe, wird bei ihm zur Leidenschaft, feuerrot. Der Mond, den sie beherrscht, gerät bei ihm zur Verhärtung, zur „Verkopfung“, wie man heute sagt. Die Mondenkräfte beherrschen das ganze Leben, Sexualität und Intellekt. Und ein Drittel der Schicksalssterne wird aus ihren geistigen Zusammenhängen herausgerissen und unter materielle Gesetzmäßigkeiten gestellt.

Man kann dabei unter anderem daran denken, wie heute in Konzeption und Geburt des Menschen eingegriffen wird aus rein materiell-irdischen Erwägungen, ohne Einbeziehung einer Weisheit im Schicksal. Gleiches geschieht auf der Seite der Lebensverlängerung. Die Schicksalssterne werden dem irdisch-materiellen Leben unterworfen. Der Drache möchte die Seele nach seinem Bild verändern, um Macht über ihr Kind zu bekommen, um es zu verschlingen. Aber die Seele, die das kosmische Weib als Bild in sich trägt, gebiert das Ichwesen, über das der Drache keine Macht hat. Es wird entrückt zu Gottes Thron. Eine lange weltgeschichtliche Zeit, in der sich der Materialismus immer mehr ausbreitet, verbringt das geistige Wesen der Menschheit, das Kind, entrückt von den Drachenverhältnissen. Die Seele flieht in die Wüste der Geistlosigkeit, aber das ist im göttlichen Weltenplan vorbestimmt. Die Menschheit muß durch diese geistverlassene Zeit hindurch, um ganz neue Fähigkeiten zu erringen.

Die Himmlischen selbst bewirken, daß der Drache auf die Erde gestürzt wird. Sie jubeln sogar darüber, daß Michael, der Fürst kosmischer Intelligenz, ihn auf diese Weise besiegt. Die Seele wird herausgefordert und alles, was aus ihr hervorgeht. Sie hat den Sohn geboren. Er lebt ungenannt in der Welt, aber er ist ihr als Sohn untrennbar verbunden. Der Drache will die Seele verderben. Er verfolgt sie, denn wenn sie zunichte geworden ist, kann auch der Sohn nicht mehr auf Erden wirken. Die Seele flieht vor dem, der jetzt als Schlange bezeichnet wird.

Zwei Wesen kommen ihr zu Hilfe. Zuerst erhält sie die Flügel vom großen Adler. Die Seele lernt fliegen, lernt, sich über die Zwänge des Irdischen zu erheben. Sie kann meditieren, beten, sich innerlich erheben, sich dem Geistelement anvertrauen. Luft und Geist haben im Griechischen dasselbe Wort: pneuma.

Aber die andere Gefahr besteht auch, und der Drache weiß sie zu nutzen. Es ist die Gefahr, sich vom geistigen Leben und Erleben überfluten zu lassen. Die Schlange, die große Verführerin, die der Seele verspricht, sie könne sein wie Gott, könne sich für immer über das materielle Dasein erheben, sie scheut keine Mittel, die Seele in Abgehobenheit, Illusion, Rausch aller Art zu ertränken. In dieser Gefahr, die auch heute viele Menschen erleben, wenn sie sich auf einsame Inseln zurückziehen, um den Zeitschicksalen zu entgehen, oder aus Angst vor dieser teuflischen Welt in Psychosen geraten oder einfach jede irdische Bindung meiden, in dieser Gefahr kann nur die Erde selbst zu Hilfe kommen. Sie saugt die überflutenden Wasserströme auf. Der Mensch findet Halt, wenn er sich der Erde zuwendet, mit ihr umgeht, sie bepflanzt, sie künstlerisch gestaltet, aus ihrem Stoff etwas schafft, was dem Drachen entgegenwirkt, z. B. gute Nahrung, Kleidung, Bauwerke, Stätten der Gesundung, Erholung, der Geistverbindung.

Wenn die Seele Adlerflug und Erdverbundenheit pflegt, kann ihr der Drache auf Dauer nichts anhaben. Sie wird der Weltenseele angehören und durch die Bilder des Lebens Jesu bis zum Bild der kosmischen Geburt das Menschsein zum Christwerden umbilden, so wie eine Frau durch das Kind, das sie trägt, sich wandelt und ihr Leben anders gestaltet, dem kommenden Menschen zuliebe. Viele Christen in der Vergangenheit haben sich in die Leidensstationen Jesu versenkt, sie oft sogar äußerlich nachvollzogen, um sich dadurch mit Christus zu verbinden.

Die Christen der Zukunft werden das Leben und Leiden Jesu Christi, wie er es heute in der Menschheit durchlebt, mitzuerleben suchen, um sich mit ihm zu verbinden. Die Stationen seines Erdenlebens sind die Urbilder dafür. Die Christen unserer Zeit sind auf dem Wege zu diesem Nachvollziehen des Lebens Jesu in der Menschheit, wie sie früher sein Erdenleiden nachvollzogen haben. Auf diesem Wege dürfen sie die Erfahrung machen, daß er mit jedem einzelnen Menschen lebt, daß er mit uns allen unsere biographischen Stationen durchmacht so, daß sie Metamorphosen seines Menschenlebens werden können, wenn wir es wollen und er sich auf diese Weise heute mit den Menschen verbindet.

Diese Betrachtungen wollen anregen, den Sinn dafür zu wecken.

Kinderbücher von Irene Johanson

Das Alte Testament

Mit 15 Zeichnungen von Irakli Parjiani
272 Seiten, Pappband (ab 9 Jahre)

Irene Johanson erzählt diese Menschheits-Urkunde nahezu in ihrer vollen Breite. Dabei kommt ihr nicht zuletzt eine jahrzehntelange Religionsunterrichts-Erfahrung zugute. Einige Illustrationen des georgischen Künstlers Irakli Parjiani, die den elementaren Stil des Textes kongenial aufgreifen, runden das Werk künstlerisch ab.

Geschichten zu den Jahresfesten

Für Kinder erzählt (ab 6 J.)
3. Auflage, 106 Seiten, Leinen

Die Inhalte der christlichen Jahresfeste als Stationen des Christuslebens werden den Kindern in Form von Märchen, Legenden und Naturgeschichten vermittelt.

Wie die Jünger Christus erlebten

Für Kinder erzählt · 188 Seiten, Leinen

Die Autorin schildert die Ereignisse des Neuen Testaments aus dem unterschiedlichen Erleben der zwölf Apostel.

Ihr dürft auf eurer Wanderung den unsterblichen Wald erleben

(ab 7 J.) 144 Seiten, Pappband

„In dieser Geschichte, die sich zwischen Traum und Wirklichkeit bewegt, werden in einfacher, dem Alter angepaßten Weise biologische Vorgänge dargestellt.“ *Schweizer Bibliotheksdienst*